O ódio pela poesia

# FÓSFORO

BEN LERNER

# O ódio pela poesia

*Tradução do inglês por*
LEONARDO FRÓES

NA AULA DE INGLÊS DO NONO ANO, quando a professora X nos mandou decorar e recitar um poema, fui pedir à bibliotecária da Topeka High School que me indicasse o poema mais curto que conhecia, e ela então sugeriu "Poesia", de Marianne Moore, que na versão de 1967 diz apenas isto:

> *Eu, também, não gosto dela.*
>     *Lendo-a, porém, com um perfeito desprezo por ela,*
>                                              *[descobrimos nela, no final de tudo, um lugar para o genuíno.*\*

Lembro de achar que meus colegas eram uns otários por terem decorado sobretudo o "Soneto 18" de Shakespeare, enquanto eu tive de recitar apenas 24 palavras. Não importa que um esque-

---

\* I, too, dislike it./ Reading it, however, with a perfect contempt for it, one discovers in/ it, after all, a place for the genuine.

ma fixo de rimas e o pentâmetro iâmbico tornem os catorze versos de Shakespeare mais fáceis de decorar do que os três de Moore, cada um dos quais sendo interrompido por um advérbio conjuntivo — um paralelismo estranho que está basicamente a serviço da forma. Isso, somado aos quatro empregos de "*it*", faz Moore soar como um padre que admite com inveja que o sexo tem sua função, enquanto tenta evitar usar a palavra, um efeito ampliado pelo enjambement deliberadamente canhestro do segundo no terceiro verso (*in/it*). Na verdade, "Poesia" é um poema difícil para guardar de memória, como demonstrei por meu fracasso em declamá-lo certo, a cada uma das três chances que me foram dadas pela professora X, de olhos no texto a me seguir, com meus colegas caindo na risada.

Meu desprezo pela tarefa, afinal, foi imperfeito. Geralmente, mesmo agora eu cito de forma errada a segunda frase; acabo de ver o poema pelo Google e tive de corrigir o que digitei anteriormente, mas a primeira quem poderia esquecer? "Eu, também, não gosto dela" vem se repetindo na minha cabeça desde 1993; quando abro um laptop para escrever, ou um livro para ler, "Eu, também, não gosto dela" ecoa no meu ouvido interno. Quando um poeta (inclusive eu mesmo) é apresentado numa leitura, seja o que for que eu ouça, eu ouço: "Eu, também, não gosto dela". Quando estou dando aula, basicamente cantarolo a frase. E se alguém me diz, como tantas pessoas já me disseram, que não é chegado à poesia em geral ou à minha em particular e/ou

*Eu, também*

*Prece incessante*

acredita que a poesia está morta: "Eu, também, não gosto dela". Às vezes esse refrão tem o sabor de uma ruminação negativa e, às vezes, é uma espécie de afirmação mântrica e maníaca, o mais próximo que chego de uma prece incessante.

"Poesia": que tipo de arte assume a aversão de seu público e que tipo de artista se alinha a essa aversão, até mesmo estimulando-a? Uma arte odiada, por fora e por dentro. Que tipo de arte tem como condição de sua possibilidade um perfeito desprezo? Além do mais, nem mesmo lendo desdenhosamente você alcança o genuíno. Para ele, pode apenas arrumar um lugar — e ainda assim não encontra o poema verdadeiro, o artigo genuíno. Quase todos os anos sai um ensaio num periódico mainstream denunciando a poesia ou proclamando sua morte, geralmente para culpar os poetas vivos pela relativa marginalização da arte, e então as defesas se iluminam na blogosfera antes de a cultura, se pudermos dizer que é uma cultura, concentrar-se, se pudermos dizer que isso é concentração, de volta no futuro. Mas por que não perguntamos: que tipo de arte é definida — tem sido definida há milênios — por um tal ritmo de denúncia e defesa? Muito mais gente concorda que odeia poesia do que é capaz de concordar sobre o que é poesia. Eu, também, não gosto dela, mas em grande parte organizei minha vida ao seu redor (embora com muito menos disciplina e perícia do que Marianne Moore), e não sinto isso como uma contradição, porque a poesia e o ódio pela poesia são para mim — e talvez para você — inextricáveis.

*As defesas se iluminam*

Caedmon, o primeiro poeta da língua inglesa cujo nome é conhecido por nós, aprendeu, durante um sonho, a arte de cantar. Segundo a *Historia ecclesiastica* de Beda, ele era um vaqueiro analfabeto que não sabia cantar. Quando, durante uma ou outra alegre festa, ficava decidido que todos deveriam, revezando-se, apresentar uma canção, Caedmon se afastava constrangido, alegando que tinha de cuidar dos animais. Certa noite, alguém tenta lhe passar uma harpa, depois do jantar, mas Caedmon foge para o curral. Lá, no meio dos ungulados, começa a cochilar e é visitado por uma misteriosa figura, provavelmente Deus. "Você deve cantar para mim", Deus diz. "Não consigo", diz Caedmon, talvez não com essas palavras. "Por isso é que estou dormindo no curral, em vez de estar bebendo hidromel com meus amigos ao redor da fogueira." No entanto, Deus (ou um anjo ou um demônio — o texto é vago) insiste em pedir uma canção. "E o que eu deveria cantar?", pergunta Caedmon, que imagino se achar desesperado, suando frio durante um pesadelo. "Cante o começo das coisas criadas", o visitante instrui. Então, Caedmon abre a boca e, para seu próprio espanto, deslumbrantes versos em louvor a Deus são emitidos.

Caedmon acorda como poeta e por fim se torna monge. Mas o poema que ele cantou ao acordar, segundo Beda, não era tão bom quanto o que cantara no sonho, "pois as canções, mesmo que nunca sejam muito bem-feitas, não podem ser passadas de uma língua para outra, palavra por palavra, sem que percam algo de sua graça e valor". Se isso

*O que eu deveria cantar?*

*A perda da graça*

é verdade em relação à tradução no mundo desperto, é duas vezes verdade na tradução de um sonho. O poema real que Caedmon traz de volta para a comunidade humana é necessariamente um mero eco do primeiro.

Allen Grossman, cuja leitura de Caedmon estou pirateando aqui, extrai dessa história (da qual há muitas versões) uma lição severa: a poesia surge do desejo de ir além do finito e histórico — do mundo humano da violência e das diferenças — para alcançar o transcendente ou divino. Você é levado a escrever um poema, sente-se intimado a cantar, por causa desse impulso transcendente. Mas, tão logo passa do impulso para o poema real, a canção do infinito é comprometida pela finitude dos termos. Num sonho, seus versos podem anular o tempo, suas palavras podem se livrar da história do uso que elas têm, você pode representar o que é irrepresentável (por exemplo, a criação da própria representação), mas quando acorda, quando volta para junto de seus amigos ao redor da fogueira, encontra-se de novo no mundo humano, com sua lógica e suas leis inflexíveis.

O poeta é, assim, uma figura trágica. O poema é sempre o registro de um fracasso. Há um "conflito insolúvel" entre o desejo que há no poeta de cantar um mundo alternativo e, como Grossman o coloca, a "resistência à criação de alternativas que se faz inerente aos materiais de que qualquer mundo deve ser composto". Num ensaio sobre Hart Crane, Grossman desenvolve o conceito de "poema virtual" — o que poderíamos chamar de poesia com P maiús-

*O virtual e o real*

culo, o potencial abstrato do meio, como o poeta o sente quando intimado a cantar — e o contrapõe ao "poema real", que necessariamente trai esse impulso quando se une ao mundo da representação.

Aqui eu passo por alto pelas belas complexidades da explicação de Grossman para extrair de seus ensaios, pouco lidos e de um brilho quase anormal, a ideia de que os poemas reais são estruturalmente condenados de antemão por uma "lógica amarga" que não pode ser superada por nenhum nível de virtuosismo: poesia não é difícil, é impossível. (Talvez isso nos ajude a entender Moore: nosso desprezo por qualquer poema específico deve ser perfeito, deve ser total, porque somente uma leitura implacável, que nos permita avaliar a brecha entre o real e o virtual, nos habilitará à experiência, se não de um poema genuíno — algo que não existe —, de um lugar para o genuíno, seja lá o que isso queira dizer.) Grossman me impressiona porque, como tantos poetas, vivo no espaço entre o que sou levado a fazer e o que posso fazer, confrontando-me nessa desconexão não só com minhas limitações pessoais (embora as sinta igualmente), mas também com a estrutura da arte como a concebo. E eu reencontro essa estrutura implícita, repetidas vezes, tanto nas alegações dos que pretendem denunciar a poesia quanto entre os que se lançam em sua defesa.

O amargor da lógica poética é particularmente inflexível porque em tenra idade nos ensinaram que, pelo simples fato de sermos humanos, todos nós somos poetas. Nossa capacidade de escrever

*Uma lógica amarga*

poemas, por conseguinte, é em certo sentido a medida de nossa humanidade. Pelo menos foi isso o que nos ensinaram na Topeka High School: todos nós temos sentimentos (e onde, exatamente, eles se localizam?); a poesia é a expressão mais pura (como o suco que se espreme da laranja?) desse domínio íntimo. Sendo a língua a matéria do social, e a poesia a expressão na língua de nossa irredutível individualidade, nossa condição de indivíduo está atada à condição de poeta. "Você é um poeta e sequer sabe disso", costumava nos dizer no segundo ano a professora X, que soltava esse refrãozinho irritante toda vez que dizíamos alguma coisa que por acaso rimasse. Eu acho que esse clichê jocoso revela uma verdadeira crença na universalidade da poesia: certas crianças têm aulas de piano, outras aprendem sapateado, mas nós não dizemos que todas elas são pianistas ou dançarinas. Você é um poeta, no entanto, saiba ou não, porque participar de uma comunidade linguística — ser, em suma, chamado de "você" — é ser dotado de aptidão poética.

Se você for um adulto suficientemente tolo para dizer a outros adultos que (ainda!) é um poeta, com frequência eles irão lhe contar que abandonaram a poesia: "No colégio escrevia poemas; na faculdade, muito pouco". Agora eles quase nunca escrevem. Mas lhe dirão que têm uma sobrinha ou um sobrinho que escreve poesia. Esses encontros familiares — o meu mais recente foi no dentista, eu mantendo a boca aberta enquanto o dr. X quase me fazia vomitar com um espelho de precisão,

*Um espelho na boca*

como se estivesse à procura dos meus sentimentos mais profundos — têm um clima que é difícil de descrever. O poeta fica sem graça — "Você não poderia arranjar um emprego de verdade e deixar suas esquisitices infantis para trás?" —, mas por parte do não poeta também existe embaraço, porque ter de reconhecer sua total alienação da poesia entra em atrito com a associação inicial já feita entre poema e pessoa. O fantasma dessa conjunção romântica torna o abandono da poesia um abandono da pura potencialidade de ser um humano frente às vicissitudes de ser uma pessoa real numa situação histórica concreta, com as mãos de outra na boca. Eu tinha a sensação de que o dr. X, ao bater seu espelhinho nos meus molares, desdenhava da ideia de que tal operação fosse capaz de emitir genuína poesia. E o dr. X estava certo: não existe poesia genuína; existe apenas, afinal, e na melhor das hipóteses, um lugar para ela.

A troca embaraçosa e até mesmo tensa entre um poeta e um não poeta — que ocorre frequentemente num avião, no consultório de um médico ou em algum outro não lugar contemporâneo — é uma pequena brecha interpessoal que revela como a "poesia" é inextricável da nossa imaginação da vida social. Seja o que for que pensemos sobre poemas específicos, "poesia" é uma palavra para o lugar de encontro entre o privado e o público, entre o interno e o externo: minha capacidade de me expressar poeticamente e de compreender tais expressões é uma qualificação fundamental para o reconhecimento social. Se eu não tiver interesse por poesia, ou se me sentir repelido por poemas reais, estarei fraquejando no social, ou então o social fraqueja em mim. Não quero dizer que o dr. X ou qualquer outra pessoa pense nesses termos, nem que essas suposições sobre poesia sejam comuns a todos, menos ainda no mesmo grau, ou que essa é a única ou a melhor maneira de pensar sobre poesia, mas estou convencido de que o embaraço, a suspeita ou a raiva que é muitas vezes palpável em tais encontros derivam dessa noção dos tremendos riscos sociais da poesia (combinada a uma noção de sua tremenda marginalização social). E são esses riscos que tornam uma ofensa os poemas reais: se, enquanto o avião voa em círculos sobre Denver esperando autorização de pouso, meu vizinho de poltrona me pede para cantar, se me solicita um poema que reúna a primeira classe e a classe econômica numa só comunidade, não o posso fazer. Talvez porque eu não saiba cantar, ou porque os passageiros não saibam ouvir, mas também porque "poesia" denota uma demanda impossível. Essa é uma razão subjacente para que a poesia seja vista tantas vezes com desprezo, mais do que com mera indiferença, e para que ela seja periodicamente denunciada, em vez de ser só desconsiderada: a maioria de nós tem pelo menos a leve ideia de uma correlação entre poesia e a capacidade humana que não pode ser realizada pelos poemas. O poeta, por sua própria pretensão de ser um fazedor de poemas, é, pois, tanto um estorvo quanto uma acusação.

Quando você é suficientemente tolo para se identificar como poeta, seus interlocutores muitas

*Um voo em baixa velocidade*

vezes perguntam: um poeta *publicado*? E se você lhes diz que sim, que de fato é um poeta publicado, eles parecem, pelo menos, vagamente impressionados. Por que será? É improvável que eles ou alguns de seus conhecidos leiam revistas de poesia. No entanto há algo bem razoável, penso eu, nessa reação automática com que se invoca a publicação como se fosse para dizer: todos podem escrever um poema, mas a sua poesia, a destilação do que há em você de mais íntimo, já foi considerada autêntica e inteligível por outros? Ela é capaz de circular entre pessoas, de fazer de seu público leitor, nesse sentido, uma Comunidade, por menor que ela seja? Isso explica a associação desconcertante e persistente, noutros casos, entre poesia e fama — desconcertante porque não há poetas famosos junto ao grande público. Requerer prova de fama é pedir para provar que suas canções permaneceram intactas ao retornarem do sonho no curral para o mundo social da fogueira — que suas canções são altamente peculiares a você e, ao mesmo tempo, exemplares para os outros.

(Na virada do milênio, quando eu era editor de uma pequena revista de poesia e arte, costumava receber um fluxo constante de colaborações — nosso endereço estava on-line — de pessoas que obviamente nunca tinham lido nossa publicação, mas cujas cartas expressavam um desespero enorme para ter seus poemas impressos *em qualquer lugar*. Algumas dessas cartas — dezenas delas — explicavam que o ou a poeta em questão sofria de uma doença terminal e queria, precisava ver seus

*Do curral para a fogueira*

poemas publicados antes de ele ou ela morrer. Tenho aqui três cartas que contêm a mesma frase: "Não sei o tempo que me resta". Recebi também um monte de cartas de presidiários que achavam que publicar poesia era a melhor maneira de que eles dispunham para afirmar que eram seres humanos, não simplesmente criminosos. Não estou zombando desses poetas; ofereço-os como exemplos de como é vigorosa a conexão implícita entre a poesia e o reconhecimento social da humanidade do poeta. É uma associação tão forte que os escritores em questão não notam qualquer contradição no fato de tentarem garantir e preservar sua condição de indivíduo numa revista que não há de ser lida por nenhum conhecido deles. É como se o poema real e a publicação não importassem; o que importa é o poeta saber e poder comunicar aos outros que é um poeta publicado, distinção que ninguém — nem a Morte nem a morte social que é a exclusão da Lei — é capaz de lhe tomar. A poesia torna a pessoa famosa mesmo sem público, numa síntese ou num tipo de protofama: a questão é menos me conhecerem numa comunidade mais vasta do que eu saber que poderia ser conhecido, é menos você saber meu nome do que eu me saber nomeado: *Eu sou poeta/ e você sabe disso.*)

E, quando você é suficientemente tolo para se identificar como poeta, não raro seu interlocutor lhe perguntará quem são seus poetas favoritos. Se você diz "Cyrus Console", ele olha de soslaio, como a procurar na própria memória, e meneia a cabeça, como se quase conseguisse se lembrar do nome

*Não sei o tempo que me resta*

e da obra, apesar de naturalmente não conseguir (ninguém entre as centenas de conhecidos não poetas que lhe fizeram perguntas desse tipo jamais consegue). Eu, porém, decidi — estou decidindo enquanto escrevo — que aceito esse olhar, que o valorizo. Adoro ver o não poeta condicionado a acreditar que nome e obra se acham quase ao seu alcance, embora os únicos poemas com os quais ele tenha tomado contato, nessas últimas décadas, estivessem presentes em funerais ou casamentos. Adoro quando parece que ele já está à beira de se lembrar de um verso específico, antes de lentamente balançar a cabeça e admitir: nunca ouvi falar dele ou dela; não me diz nada. Entre outras coisas, isso é uma (não mais que semiconsciente) performance das exigências da poesia, quase, a essa altura, uma memória muscular: o poema é uma tecnologia de mediação entre mim e as pessoas que me cercam; ele deve me incluir, deve me reconhecer e ser reconhecível — tão reconhecível que eu deva ser capaz de relembrá-lo sem jamais tê-lo visto, como o rosto de Deus.

*Quem são seus poetas favoritos?*

Trocas desse tipo me parecem significativas porque sinto que elas são descendentes contemporâneas, ainda que reduzidas, daqueles diálogos fundadores sobre poesia que estabeleceram, ainda que de modo instável, os termos para a maior parte das denúncias e defesas no Ocidente. Platão, no mais influente ataque à poesia da história escrita, concluiu que na República não havia lugar para a poesia porque os poetas são retóricos que fazem projeções imaginativas passarem por verdades, e ameaçam corromper os cidadãos da cidade justa, em particular a juventude impressionável. (As perguntas de Sócrates em *A República* são tão capciosas e tão cheias de ardis que ele bem poderia estar também com as mãos dentro da boca de seus interlocutores.) Uma diferença entre o Sócrates de Platão e o dr. X é que Sócrates teme e se ressente do poder corruptor da verdadeira performance poética — ele pensa, por exemplo, que os poetas vão provocar emoções excessivas —, enquanto o dr. X presumivelmente teme e se ressente de sua incapacidade de compreender ou de se comover com o que passa por ser um poema. Ainda assim, os interrogatórios dos poetas por Sócrates — o que realmente eles sabem, as contribuições que trazem de fato — soarão familiares a muitos de meus contemporâneos. Platão/Sócrates está tentando defender a língua como o meio que a filosofia utiliza, contra a insensatez dos poetas que apenas inventam baboseiras, algo oposto à descoberta de verdades genuínas. Contudo, a ironia dos diálogos de Platão, já tão notada, é que eles mesmos são poéticos: dramatizações imaginativas formalmente experimentais. Podemos dizer que Sócrates ("Aquele que não escreve", no dizer de Nietzsche) é uma nova estirpe de poeta que descobriu como se livrar dos poemas. Ele argumenta que não há poesia existente capaz de expressar a verdade sobre o mundo, e seus diálogos pelo menos se aproximam da verdade ao destruírem as pretensões de outros de possuí-la. Sócrates é a mais sábia das pessoas porque ele sabe que não sabe de nada; e Platão é um poeta

*Ninguém há de cantar validamente*

que se mantém mais perto da Poesia porque recusa todos os poemas reais. Cada poema existente é uma mentira, e Platão "lê" as alegações feitas em defesa desses poemas e as refuta a fim de promover o interminável colóquio dialético que sobrepõe a razão à falsa representação em que um poema real se constitui. Ironia socrática: perfeito desprezo. O famoso ataque de Platão aos poetas pode, portanto, ser lido como uma defesa da Poesia contra os poemas. Sócrates: "Nenhum de nossos poetas terrenos já cantou aquele lugar além dos céus, e ninguém há de o cantar de forma válida...".

Lembro que, ao ler Platão pela primeira vez, na Biblioteca Pública do Condado de Shawnee & Topeka, senti que a poesia devia ser uma arte poderosa, já que a cidade justa dependia de sua supressão. Quantas expectativas desmedidas de poetas sobre os efeitos políticos de sua obra, ou quantas decepções de críticos sobre a contribuição à sociedade dada por poemas reais, não derivam daquela honra do exílio conferida por Platão? É claro que, sob regimes totalitários, muitos poetas foram banidos, quando não pior que isso, por causa de sua escrita; devemos reverenciar os que — como o próprio Sócrates — morreram por sua língua. Mas o ataque d'*A República* aos poetas ajudou a abonar por milhares de anos a vaga noção de que a poesia tem profundos amparos políticos, mesmo em contextos em que ninguém é capaz de nomear um poeta ou de citar um poema. Qualquer um que leia (ou leia as SparkNotes sobre) *A República* se imbui da noção de que a poesia é uma inflamada questão so-

*A honra do exílio*

cial. Ao me declarar poeta, eu sabia que era uma vocação importante, não por já ter visto o impacto de poemas reais, mas porque a figura fundadora da tradição ocidental estava convencida de que os poetas tinham de desaparecer. (A diferença entre o que Sócrates e eu queríamos dizer por "poeta" ou por "poema" nunca me ocorreu; o caso é que minha obra deveria ser revolucionária; adquiri meu idealismo, como tantos outros poetas e críticos, por meio do desprezo platônico.)

Naturalmente, eu não parei nos gregos. Ao ler o que se escreveu por volta do Renascimento, dei com mais ataques à poesia, sendo comum que os agressores derivassem sua autoridade de Platão: a poesia é inútil e/ou corruptora (de algum modo, é ao mesmo tempo impotente e perigosa); é menos valiosa do que a história ou a filosofia; em certo e importante sentido é menos legítima do que outros tipos de produção. A bela e famosa *Defesa da poesia*, de Philip Sidney — obra que causou confusão e contribuiu para fixar como essencialmente defensiva a postura de poetas e críticos de poesia —, é mais uma assertiva de um ideal de literatura imaginativa do que uma exaltação de poemas reais. A poesia, diz Sidney em sua maravilhosa prosa, é superior tanto à história quanto à filosofia; ela pode nos comover, não apenas nos ensinar fatos; o poeta é um criador capaz de transcender a natureza; a poesia, desse modo, pode nos pôr em contato com o que há em nós de divino; e assim por diante. Mas Sidney não se preocupa muito com poemas específicos, que em geral são péssimos: não devería-

Musica universalis

mos dizer "que a poesia abusa da inteligência do homem, mas que a inteligência do homem abusa da poesia" — não deveríamos falar mal da poesia por causa de maus poemas. No final da defesa, em vez de dar exemplos de grandes poemas, Sidney apenas se compadece das pessoas que "não conseguem ouvir a música da poesia, tão igual à dos planetas". (Eu, também, não consigo.)

Até as mais apaixonadas defesas românticas da poesia reinscrevem certa noção da insuficiência dos poemas. Shelley: "A mais gloriosa poesia já comunicada ao mundo é provavelmente uma sombra tênue da concepção original do poeta". A sombra tênue de uma concepção original soa como Platão, embora Platão não pensasse que um poeta fosse realmente capaz de conceber muita coisa. A poesia era predominante, no tempo de Platão, em relação ao novo método de filosofia que ele estava tentando desenvolver; na altura do século 19, as defesas da poesia tinham de sustentar a pertinência da arte para uma classe média voltada para a leitura de romances e preocupada com coisas materiais, o que Shelley chama de "excesso do princípio egoísta e interesseiro". Defender a poesia como alternativa aos interesses materiais tanto é prolongar quanto inverter a crítica platônica. É aceitar a ideia de que os poemas são menos reais — menos verdadeiros, de acordo com Platão — do que outras formas de representação, e apenas refundir esse distanciamento da realidade material como uma alternativa virtuosa à nossa fome insaciável de dinheiro e coisas, crédito e acúmulo. Isso permite aos poetas e a

*Sombras tênues*

seus defensores celebrar a capacidade poética — a "concepção original" — sobre e contra a "sombra tênue" dos poemas reais.

Lendo através dos séculos, à minha maneira assumidamente não metódica, passei a acreditar que, em grande parte, a defesa da poesia como um gênero é em si mesma uma espécie de poesia virtual — pois nos permite descrever as virtudes da poesia sem a obrigação de escrever poemas que sucumbissem ao amargor do real. Isso não quer dizer que as defesas nunca citem poemas específicos, mas versos citados em prosa preservam um lampejo de irrealismo; cito o narrador do meu primeiro romance, que nele descreve, em versão exagerada, minha própria experiência: "Eu tendia a achar versos bonitos só quando os encontrava citados em prosa, nos ensaios indicados na faculdade por meus professores, onde as quebras de linha são substituídas por barras, de modo que o que era comunicado era menos um poema em particular do que um eco da possibilidade poética".

> Substituídas por barras

O problema fatal da poesia: os poemas. Isso ajuda a explicar por que os próprios poetas homenageiam colegas que renunciam à escrita. Na faculdade, no final do último milênio, os jovens poetas mais legais que eu conhecia estavam lendo Rimbaud e George Oppen — dois escritores ótimos, muito diferentes, que tiveram em comum o abandono da arte (se bem que o de Oppen fosse apenas temporário). Rimbaud para de escrever por volta dos vinte anos e passa a traficar armas; Oppen guarda um famoso silêncio por 25 anos en-

> Como eu não estou calado

quanto vive no México para escapar das investigações do FBI em sua organização sindical. Rimbaud é o enfant terrible que se abrasa através do dizível; Oppen é o poeta de esquerda para quem a mudez é um sinal de compromisso. "Como eu não estou calado", Oppen escreveu num poema, "os poemas são ruins". O silêncio dos dois, como as suas obras — ou seus silêncios como obras conceituais —, foi o que os fizeram heróis para os aspirantes a poetas que eu conheci. Era como se escrever fosse um estágio pelo qual passaríamos, como se os poemas fossem importantes porque poderiam ser sacrificados no altar da poesia para que nosso silêncio se impregnasse de virtualidade poética. (E a pretensão de renunciar à poesia encontra-se por toda parte no interior de poemas — desistir é uma convenção: você lamenta a insuficiência de seu canto, destrói sua flauta de pastor. A ficção de que um poema pode ser o último de um poeta dá margem à esperança das palavras virtuais sobre as reais. É uma técnica pelo menos tão antiga quanto Virgílio.) Assim, o poeta e o não poeta chegam ambos à impoemidade, embora o primeiro transite por poemas, enquanto o último os renegue.

Lendo Rimbaud no gramado, doido para ser visto, ao mesmo tempo eu também lia, saboreando, os piores poetas da língua inglesa. Um dos primeiros livros que Keith e Rosmarie Waldrop — duas das pessoas mais cultas que já conheci — deram-me em Providence foi uma antologia, publicada pela pequena editora deles, que se intitulava *Pegasus Descending* [A decadência de Pégaso], "um livro da melhor má poesia", antologia que, como disse James Wright, não continha "nada medíocre!". Claro está que essa reunião de poemas verdadeiramente espantosos é muitas vezes hilária, embora haja um elemento de idealismo mesclado ao hilário: ler os piores poemas é uma maneira de sentir, ainda que negativamente, esse eco da possibilidade poética. Pense no argumento de Platão no *Fédon*, que é conhecido como o "argumento a partir da imperfeição": para perceber que algo em particular é imperfeito, temos de ter em mente algum ideal de perfeição. Se notarmos que há uma maçã imperfeita, é forçoso haver uma Maçã perfeita, distinta de qualquer outra maçã. (Descartes, entre outros, usará uma versão disso para sustentar a existência de Deus: sabendo-me um ser imperfeito, tenho uma ideia de um Ser perfeito pela qual posso me avaliar.) Quando sentimos o radical fracasso de um poema, devemos estar avaliando-o por algum ideal, algum Poema.

*Φαιδων* [Fédon]

E se o mais perto que pudermos chegar de ouvir "a música da poesia, tão igual à dos planetas", for ouvir a música mais feia da Terra e sentir a distância que há entre as duas? Lembro que os Waldrops declamavam às vezes, em suas leituras, obras de William Topaz McGonagall, poeta escocês do século 19 que a Wikipédia afirma ter sido "largamente aclamado como o pior poeta da história" e cujo "The Tay Bridge Disaster" [O desastre da ponte sobre o rio Tay] é considerado um dos mais horrorosos poemas já escritos. No inverno de 1879, na cidade de Dundee, a ponte sobre o rio Tay desabou

*Num braço do rio Tay*

quando um trem passava por ela, matando todos os passageiros. O poema de McGonagall (que é o segundo de uma trilogia; o primeiro celebrava a ponte recém-construída, o terceiro saúda sua reconstrução) começa assim:

> *Bela ponte do trem no argênteo Tay a correr,*
> *Ai de mim! Lamento muito dizer*
> *Que noventa vidas se soube aqui morrer*
> *Em 1879, no último dia de sabá,*
> *E disso por longo tempo lembrará.\**

O que acho irresistível em relação a esse poema é como, quando intimado a enaltecer uma ponte defeituosa, McGonagall constrói outra. O objetivo é ligar o presente do desastre ao futuro, criar uma comunidade que atravesse o tempo, mas a técnica falha de modo espetacular. Como em qualquer obra malconstruída, as medidas estão todas erradas, seu metro é canhestro e irregular. Fica claro que McGonagall está tentando reunir com diligência os recursos de uma tradição métrica, não subvertê-los, mas a combinação inadequada da medida dupla e tripla só no primeiro verso já indica que esse, sendo feito de componentes arquivais (pés métricos reconhecíveis), não se inclina a enquadrar-se em nenhum padrão métrico específico (iambo, troqueu, dáctilo, anapesto etc.) nem

*"A insuficência dos apoios da travessia e suas fixações...*

---

\* Beautiful railway bridge of the silv'ry Tay/ Alas! I am very sorry to say/ That ninety lives have been taken away/ On the last sabbath day of 1879/ Which will be remember'd for a very long time.

em nenhum gênero poético (pastoril, elegíaco ou de baladas). Presumo que eu leia esse primeiro verso como se ele começasse por um dáctilo (uma sílaba longa ou tônica seguida de duas breves ou átonas — "*BEAUtiful*") e assim tento forçar "*railway bridge*" ao mesmo padrão de acentuação. Mas a tentativa de ler "*bridge*" como átona (dada em particular sua importância temática no poema) se revela estranha, e então eu reviso minha leitura, para recuperar a natural acentuação inicial de *RAILway*, e começo a dividir a medida tripla, para retornar à medida dupla. Essa mixórdia de metros (e dos ritmos ascendente e descendente) torna disparatada a elisão ostensivamente tática da terceira sílaba de "*silv'ry*". Tal gesto só faria sentido como um modo de encaixar "*silvery*" com cuidado numa estrutura métrica que aqui não existe.

O estorvo de "*silv'ry*" pode exemplificar quão horroroso McGonagall se mostra ao integrar a tragédia a uma tradição, ou as vidas perdidas a uma comunidade humana. Há um milhão de maneiras de atacar sua tentativa de elegia, mas o mais importante para mim é como, do mesmo modo que ele parece incapaz de contar os acentos prosódicos, há algo de perturbador (e no entanto risível) em sua estratégia de medir tempo e vidas. "*I am very sorry to say*" é uma expressão bem lamentável de dor, mas talvez ainda mais atroz seja a tranquila especificação do número de falecidos — uma oca abstração estatística, cautelosa e crassa, justo no momento em que eu esperava que um poeta propusesse algum padrão de valor alternativo

*... para resistir à força da ventania".*

ou indicasse, pelo menos, o desejo real de fazê-lo. (Aliás, parece que McGonagall se enganou sobre o número de vidas ceifadas: admite-se agora que o total de mortes tenha sido de 75.) A menção ao "*sabbath day*" serve, presumivelmente, para invocar o religioso, para introduzir a possibilidade de um tempo messiânico em lugar do mero tempo cronológico, mas a insinuação de redenção que a frase contém, seja ela qual for, é anulada pelo "*1879*", que soa aqui tão abstrato e frio quanto o "*ninety*". E, posto que o ano numericamente escrito é um inescandível bocado de seis sílabas, o final do verso é um prosódico acidente de trem. Rimar "*1879*" com o próprio "*time*" — rimar um simples número com o mais genérico dos termos para duração na língua — garante que a data específica que o poema aspira a preservar desapareça na abstração do calendário. O que há de tão hilário sobre o apressado "*very long time*" é que isso soa, após a descrição desastrosa do desastre, como um modo de apostar timidamente na pretensão tradicional de um poema de perdurar por gerações. É como se McGonagall dissesse: esta data bem poderia ser lembrada durante a década de 1890. Ou pelo menos até 1883 — e quatro anos, afinal de contas, é um tempo muito longo! Esse dístico horrível torna-se ainda pior pelo fato de se tratar de um refrão, que ocorre três vezes no poema.

*Alturas implícitas*    Entretanto, ao martelar aqui o fracasso extremo de McGonagall, acabo sugerindo um poema que poderia realizar algo como o seguinte: criar um ritmo ao mesmo tempo reconhecivelmente coletivo (por usar a estrutura herdada da prosódia) e irredutivelmente individual (porque o tratamento dessa estrutura por McGonagall seria então expressivo de sua voz poética específica), um ritmo que, por conseguinte, ordenasse o que o poema tenta descrever — a integração das vidas individuais (perdidas) numa comunidade humana que perdure ao longo do tempo. Dou a entender que existe um modo de medir vidas e duração — tanto no sentido poético quanto no não poético de "medir" — que resiste à fria permuta do numérico e faz com que passado e presente rimem, quer literal, quer conceitualmente. Minhas críticas a McGonagall sugerem um poema que poderia transcender a representação e derrotar o tempo. A exigência que estou fazendo a McGonagall é impossível.

Acho marcante que o horroroso em McGonagall seja evidente até mesmo para aqueles que não leem poesia. Recite esse poema para uma amiga que não tenha interesse por — nem uma experiência significativa com — versos, que alegue não saber nada disso, e aposto que ela há de convir, sendo ou não capaz de detalhar suas falhas, que pelo menos ele é muito, *muito* ruim. Desse modo, McGonagall é bem-sucedido ao fracassar, porque seu fracasso pode ser reconhecido mais ou menos universalmente e, nesse sentido, cria comunidade. "Sei o que é quando eu vejo", disse celebremente o juiz Potter Stewart sobre a pornografia hardcore, e *Os amantes*, o filme de Louis Malle que o estado de Ohio tentava proibir, não se encaixava na definição. É muito mais difícil concordar sobre o que

*Sei o que é quando eu vejo*

constitui um poema bem-sucedido quando o vemos (nós ainda respeitamos Tolstói, por exemplo, embora ele odiasse Shakespeare) do que concordar que estamos diante de um poema pavoroso. Penso que isso ocorre porque sentimos a imensa ambição — a ambição impossível — inerente a um poema como o de McGonagall, e o sentimos de forma mais intensa em virtude da meticulosidade com que sua ambição ultrapassa a sua capacidade. Um poeta menos ruim não tornaria a distância entre o virtual e o real tão palpável, tão imediata. *Nada medíocre*: quanto mais insondável a experiência do real, maiores as alturas implícitas do virtual.

(Acabo de falar por telefone com um amigo, o poeta e crítico Aaron Kunin — também um aluno, não por coincidência, de Grossman — e, ao mencionar minha leitura de "The Tay Bridge Disaster", logo fiquei sabendo por Kunin que Grossman obteve um emprego na Universidade John Hopkins por ter dado uma palestra sobre McGonagall e os poemas da ponte sobre o Tay.)

Um pouco mais de cinquenta anos antes de McGonagall escrever o desastroso "The Tay Bridge Disaster", e a cerca de 800 quilômetros de Dundee, John Keats estava escrevendo as seis odes que muitos consideram o que há de mais próximo que temos em inglês de uma realização poética da música das esferas planetárias. Não vou dar um monte de exemplos de como é fino o ouvido de Keats em relação ao de McGonagall (ou, nesse caso, ao de qualquer um), mas me espanta que, até mesmo nos poemas mais melífluos, Keats descreva uma mú-

*Através do tempo*

sica ideal que os próprios poemas não conseguem tornar audível. De sua "Ode sobre uma urna grega":

*Ouve-se a doce melodia, e a não ouvida*
*Ainda é mais doce; tocai, pois, flautas num tom*
*Não para o ouvido sensual, que, mais sentida,*
*Para o espírito ouvir, seja canção sem som.*\*

Muitos críticos literários têm comentado o poder técnico da escrita de Keats: como seus poemas fazem o tempo parar ou provocam no leitor estados alterados, como a música dos versos induz a um transe. Sigo o crítico literário Michael Clune — também aluno de Grossman — ao enfatizar como 1) apesar de toda minha admiração por Keats, não consigo experimentar o transe de que falam esses críticos (e também tenho certa dificuldade de acreditar que eles o experimentaram, pois nunca vi nenhum crítico em semelhante estado); e 2) que no cerne da poesia de Keats há o que Clune chama de "imagens de uma música virtual" — uma música que Keats pode descrever, mas não tocar (e que ninguém pode tocar no tempo: não é difícil, é impossível). A forma literária não é capaz de realmente produzir a música elevada que Keats imagina, é apenas capaz de figurá-la, o que, em certo sentido, é o que McGonagall consegue fazer ao ser tão ruim. A incrível habilidade de Keats,

*Escrito na água*

---

\* Heard melodies are sweet, but those unheard/ Are sweeter; therefore, ye soft pipes, play on;/ Not to the sensual ear, but, more endear'd,/ Pipe to the spirit ditties of no tone.

suas vogais entrelaçadas, nos instiga a acreditar que essa música impossível se acha fora de alcance, ao passo que a suprema inépcia de McGonagall nos permite intuir sua possibilidade por meio de uma confrontação com seu contrário. Nenhum dos dois apresenta o genuíno, e Keats, mestre como ele é, nem pretende chegar a tanto. Penso nestes versos de seu *Hyperion*: *A living death was in each gush of sounds,/ Each family of rapturous hurried notes,/ That fell, one after one, yet all at once*, [Morte viva havia em cada jorro de sons,/ Nas famílias de arrebatadas notas rápidas/ Caindo uma após outra, mas todas de uma vez,] — são versos lindos de poesia ecfrástica, embora o que eles descrevem não possa ser realizado, no tempo, por nenhum instrumento humano.

Pessoalmente, nunca achei a eufonia de Keats tão poderosa quanto a dissonância de Emily Dickinson. E isso porque, penso eu, os metros desacentuados e as rimas imperfeitas de Dickinson capacitam-me a experimentar tanto a extrema discórdia (embora esta seja, nela, refreada e soturna, nada como McGonagall) quanto um alcance virtuoso da música das esferas. Falarei de um poema para mostrar o que tenho em mente, mas, antes de considerar qualquer exemplo específico do virtuosismo de Dickinson, convém notar que a própria natureza inusual de suas páginas manuscritas torna difícil determinar o status das composições. Será um poema ou um objeto de outra espécie? Será uma obra de arte visual? O que dizer, por exemplo, dos "escritos em envelopes" — aqueles envelopes deli-

*Uma tremulação*

cadamente abertos, cujas formas físicas, como alguns já argumentaram, interagem de propósito com a linguagem de Dickinson? Suas cartas são poemas? Como considerar suas notas em folhetos de propaganda? E os textos que ela reuniu em fascículos — costurados à mão, em grupos — estão cheios de palavras variantes (as quais, conforme sustentou uma pioneira, a crítica e poeta Susan Howe, fazem parte da estrutura da obra, tal como as cruzes que Dickinson usa para indicá-las). Além disso, há os famosos travessões, que gosto de pensar, entre outras coisas, como marcadores dos limites do real, como vetores de insinuação onde não há palavras que funcionem. Apesar de todo o esforço dos editores (a princípio homens) para padronizar Dickinson, sua obra, especialmente se vista em fac-símile, provoca uma alteração na lógica amarga do princípio poético, levando-nos a um incessante ir e vir entre distintos modos de percepção — num instante nós lemos, no seguinte olhamos, e o objeto se recusa a tornar-se, ou a permanecer, um poema típico. Isso é coerente, ao longo de sua obra, com a ênfase em sobrepor o potencial ao real:

> *Moro na Possibilidade —*
> *Uma Casa maior que a Prosa —*
> *De Janelas mais numerosas —*
> *E superior — em Portas —*
>
> *De Quartos como os Cedros —*
> *Inalcançáveis pelo olhar —*

Uma casa maior

*E por Telhado para sempre*
*O Céu de Águas Quebradas —*

*De Visitas — as melhores —*
*Por Ocupação — Isto —*
*O vasto alargar das minhas Mãos*
*Estreitas para apanhar o Paraíso —*\*

Em vez da esperada oposição entre poesia e prosa, o primeiro termo é substituído por "Possibilidade" — uma morada imaterial, toda de entradas e céu. O poema dramatiza a impossibilidade de se alcançar realmente o paraíso; a ocupação poética, como assevera a estrutura do poema, abre bem as mãos que nada contêm em si (e é isso o que significa morar na casa porosa da possibilidade). O poema sai de seu rumo para acentuar a distância entre o "i" breve de "*This*" e o "i" longo de "*Paradise*" — uma rima que padrões anteriores nos levariam a esperar —, e sentimos assim a distância que existe entre a escrita *deste* poema na Terra e o que quer que seja que passe por Poesia no céu. Há "i"s longos em todas as estrofes desta casa — o poema se inicia com um —, e o som de "*eye*" e "*Sky*" é preservado em "*wide*", que, posicionado acima de "*Paradise*", tanto na versão manuscrita quanto na datilografada, cha-

<small>Desdobramento da palavra</small>

---

\* I dwell in Possibility—/ A fairer House than Prose—/ More numerous of Windows—/ Superior—for Doors—// Of Chambers as the Cedars—/ Impregnable of eye—/ And for an everlasting Roof/ The Gambrels of the Sky—// Of Visitors—the fairest—/ For Occupation—This—/ The spreading wide my narrow Hands/ To gather Paradise—

ma a atenção para o paralelismo dos dois termos, sua vastidão. Isso não pode compensar, porém, o malogro em rimar "*This*" com "*Paradise*", porque metro e rima acham-se em tensão no fim do poema, pelo menos para meu ouvido, e isso impede que "*Paradise*" cause a impressão de uma rima verdadeira com "*Sky*". Normalmente, "*Paradise*" é dactílico (*PARadise*), mas aqui a pressão para fazê-lo rimar e ter uma medida exata exige que se ressalte a última sílaba (*paraDISE*, ou *PARaDISE*). Sem dúvida, isso é algo bastante comum para se fazer num poema, mas Dickinson é tão precisa e estranha, que me vejo preocupado com essa alteração: sinto que ou estico "*Paradise*", deturpando-o para obter a rima, ou deixo que a rima se perca, a fim de privilegiar a pronúncia: tenho de escolher entre "uma após outra" — a expansão tônica da palavra no tempo — ou "todas de uma vez", a verticalidade da rima. Tudo isso virtualiza a casa que o poema é, com uma mistura de virtuosismo e dissonância voluntária que tanto capta algo da música de Keats quanto da ponte que desaba de McGonagall.

McGonagall, Keats, Dickinson — todos os três criam um lugar para o genuíno ao produzirem uma imagem negativa do Poema ideal que não podemos escrever no tempo. O horroroso e o grandioso (e o silencioso) têm mais em comum do que o medíocre, o o.k., ou até mesmo o muito bom, porque se enfurecem contra o meramente real, têm por ele um perfeito desprezo (ou, no caso da seriedade dolorosa de McGonagall, ao menos inspiram de imediato tal desprezo), a fim de se aproximarem, por

*Via negativa*

uma *via negativa*, da obra imaginária que poderia reconciliar o finito e o infinito, o individual e o comunal, que é capaz de fazer um mundo novo a partir dos materiais linguísticos deste. "Eu, também, não gosto dela": no poema de Moore esse "também" é importante — o poeta e o leitor de poesia se unem em uma suspeita sobre o canto de qualquer "poeta terreno", e essa suspeita é a base para uma intuição do ideal. O ódio pela poesia é inerente à arte, por ser tarefa do poeta e do leitor de poesia usar o calor desse ódio para queimar o real e o expelir do virtual como uma bruma.

Grandes poetas tão diferentes como Keats e Dickinson expressam desprezo por poemas meramente reais ao desenvolverem técnicas para virtualizar as próprias composições — por dissolverem o poema real numa imagem do Poema que a forma literária não consegue obter. Há, contudo, uma categoria importante de pessoas com intenso ódio pela poesia que provavelmente odiaria minha descrição de poesia, por proporcionar uma espécie de lampejo invertido e necessariamente limitado da potencialidade poética: a vanguarda. Avant-garde foi, na origem, um termo militar (francês) para designar os soldados de elite que eram despachados na frente do restante de uma tropa a fim de determinar os rumos. O primeiro uso registrado do termo, em um sentido artístico mais ou menos contemporâneo, consta de uma obra de 1596 do historiador Étienne Pasquier: "Uma guerra gloriosa estava então sendo travada contra a ignorância, uma guerra cuja vanguarda era constituída por [três poetas dos quais

*Uma guerra gloriosa*

você nunca ouviu falar]; ou, para dizer de outra maneira, esses homens foram os precursores dos demais poetas". Já no sentido de avant-garde como um grupo de artistas capaz de revolucionar não apenas o verso, mas também o universo, o termo é pelo menos tão antigo quanto um ensaio de 1825 do reformador social Olinde Rodrigues, que exortou os artistas a servirem como a vanguarda do povo, porque "o poder das artes é [...] o meio mais imediato e mais rápido" para realizar reformas sociopolíticas. A ideia de que poemas (ou outras obras de arte) possam interferir diretamente na história é fundamental aqui. No influente *Teoria da vanguarda*, o crítico alemão Peter Bürger sustentou que o que define a vanguarda histórica é um desejo de destruir a instituição da arte para torná-la parte da "práxis da vida" — abolir a arte como categoria separada do restante da nossa experiência. Para a vanguarda, o poema é uma bomba imaginária com real poder de fogo, que explode a categoria de poesia e ingressa na história. O poema é uma arma — uma arma contra ideias preconcebidas sobre o que seja a obra de arte, por certo, mas também um instrumento de guerra numa luta revolucionária, heroica, venha quer da extrema direita (por exemplo, os futuristas italianos), quer da extrema esquerda (por exemplo, os futuristas russos).

> Um instrumento de guerra

Houve e continua a haver, é claro, muitas vanguardas autodeclaradas, sendo minha generalização necessariamente redutora — muitas vezes o termo é usado tão só para descrever obras experimentais na forma. Contudo, podemos dizer, para nossos objetivos, que a vanguarda odeia poemas. Odeia os poemas existentes porque eles são parte de uma sociedade falida — a literatura "engrandeceu a imobilidade pensativa, a sonolência e o êxtase. Nós queremos exaltar movimentos de agressão, a insônia febril, a marcha dupla, o pulo perigoso, a bofetada e o soco bem dado". Assim falou o futurismo italiano, em geral considerado o primeiro movimento de vanguarda importante. A vida é uma mentira, os poemas têm sido a flor dessa mentira, e servem para glorificar ou compensar relações existentes que devem ser destruídas. Esse ódio pela poesia existente dá origem ao poema vanguardista, em que o experimento formal há de eviscerar os cânones predominantes do gosto e contribuir para que a revolução seja feita. Assim Marinetti, para nos limitarmos aos italianos, advoga uma linguagem que rompa com a sujeição à sintaxe (*Parole in Libertà*) e se entregue a experimentos com a tipografia (*Immaginazione Senza Fili; Analogia Disegnata*) e o som puro (cf. *Zang Tumb Tumb*), e essas obras anulam o que era aceito como cultura no passado, anulam a própria categoria de arte. (Noto en passant que o *Manifesto Futurista* de Marinetti é muitíssimo mais lido do que qualquer um dos poemas de sua própria autoria; o manifesto como gênero, tal como a defesa da poesia, permite-nos fazer alegações pela e sobre a Poesia, evitando ao mesmo tempo as limitações dos poemas.) O problema é que essas obras de arte, independente de seu grau de inventividade formal, continuam a ser obras de arte. Podem redefinir as fronteiras da arte sem, contudo, suprimir essas fronteiras; bomba que nunca é disparada, o poema continua a ser um poema. E eles odeiam isso. A vanguarda é uma metáfora militar que se esquece de que é uma metáfora. Os futuristas — fantasmas do passado futuro — entram para os museus que pretendiam inundar.

Estou propondo essa síntese agressiva e apressada do ódio vanguardista — uma lógica poética particularmente amarga — porque penso que ele se liga a algo fundamental quanto ao desdém pela poesia. Mesmo autores e críticos alérgicos a qualquer coisa semelhante à retórica vanguardista, não raro, exprimem raiva pelo fracasso da poesia em obter efeitos políticos concretos, raiva que talvez remonte à lisonjeira insistência de Platão de que os poetas são perigosos para a República. A vanguarda se imagina como procedente do futuro que ela quer provocar, mas muitas pessoas exprimem decepção com a poesia pelo fracasso em corresponder à força política que supostamente ela teve no passado. Essa decepção com a fraqueza política da poesia na atualidade une os futuristas aos nostálgicos e é base para as denúncias mais comuns contra a poesia.

*Nostalgia do futuro*

Eis aqui um só exemplo do que eu quero dizer. Quando Barack Obama anunciou que iria reviver a prática de ter um poema lido na sua posse em 2009 — Bill Clinton fizera isso duas vezes; Kennedy o tinha feito em 1961 —, George Packer perguntou no blog da *New Yorker*: "Será que é tarde demais para convencer o presidente eleito a não ter um poema escrito e lido para a posse?". E ele explicava:

Por muitas décadas a poesia americana tem sido uma atividade privada, escrita por poucas pessoas e lida por poucas pessoas, faltando-lhe linguagem, ritmo, emoção e pensamento que possam comover um grande número de pessoas em grandes ocasiões públicas.

Acho a ambiguidade de "por muitas décadas" reveladora; será que houve um poeta, na década de 1950, digamos, que pudesse ter comovido — pela força da "linguagem, ritmo, emoção e pensamento" dele ou dela — uma multidão variada reunida no National Mall? Ou estaria Packer desejando a oratória de um Martin Luther King e, nesse caso, por que implicar com a poesia? Mas "comover" aqui significa apenas tocar nas emoções ou significará mover *para* algo — um sentido maior de responsabilidade ou identidade cívica, uma ação específica? Packer, ao mesmo tempo que sugere que Derek Walcott "poderia se sair bem na enrascada" (como, não sei direito), fica indeciso quanto a Elizabeth Alexander, a quem Obama escolheu para compor o poema. Depois de dar uma olhada no website de Alexander, Packer diz:

> Alexander escreve com uma fina e irada ironia, em imagens vividamente concretas, mas seus poemas têm as características da maior parte da poesia americana contemporânea — uma especificidade que é pessoal e não sugestiva, com avanços acadêmicos constrangidos em direção ao genérico. Não são poemas que possam ser bem lidos diante de um público de milhões.

*É tarde demais*

O problema com Alexander, como com a maioria dos poetas americanos, é que ela é por demais específica e por demais genérica — e onde é genérica ela se mostra constrangida sobre a generalidade (como muitos de nós, talvez ela partilhe de certa hesitação quanto ao direito que tem de falar por *todos*, e Packer, num gesto familiar, culpa o tempo na universidade por sua falta de universalidade). Como em meu ataque a McGonagall, as críticas de Packer sugerem, embora negativamente, um ideal poético — um poeta que pudesse nos unir em nossas diferenças, constituindo um sujeito coletivo através da mágica da língua e da prosódia, alguém que, falando por si mesmo, fosse capaz de falar por todos: um eu que contenha multidões. E um tal poema, como Packer dá a entender, deixaria de ser poesia para entrar na história. Ao contrário da fantasia vanguardista de uma elite que nos impele para o futuro, Packer projeta esse bardo unificador no passado. Em lugar da dificuldade formal de uma vanguarda — uma dificuldade que visava escandalizar e pôr em curto-circuito a sensibilidade burguesa, a serviço de um projeto revolucionário —, Packer lamenta a perda do poder de unificação que a poesia supostamente teve no passado. Não é preciso muito mais do que olhar de relance um site para entender que Alexander não se acha à altura da tarefa: são poemas reais, afinal de contas, o que ela está escrevendo.

"Eu sou vasto, eu contenho multidões", escreveu Walt Whitman em "Canção de mim mesmo", e

*Um bardo projetado no passado*

*Um bardo projetado no futuro*

a nostalgia de Packer, como a de muitos saudosistas norte-americanos, é claramente modelada pela figura de Whitman, que desejava que seu livro *Folhas de relva* fosse uma espécie de bíblia secular para a democracia americana. A experiência americana — o caráter inovador, a vastidão geográfica, a relativa abertura das instituições, o igualitarismo, a orientação para o futuro e não para o passado —, tudo isso requeria, na visão de Whitman, uma poesia igualmente nova e expansiva, que sempre falasse às claras, não refreada por versos de estrutura herdada, tal como o país não seria refreado por tradições monárquicas, e assim por diante. "Em breve não haverá mais padres", Whitman escreveu, "a obra deles está feita". O que se fazia necessário era um poeta que, na ausência de uma tradição comum ou de um sistema metafísico, pudesse celebrar o povo americano passando a existir, pudesse contribuir para manter a nação unida, com todas as diferenças internas, por meio de seu cantar. Em "Canção da exposição", Whitman diz:

*Tu, União, tudo contendo, fundindo, absorvendo,*
*[tolerando tudo,*
*A ti, e sempre a ti, eu canto.*

*Tu, também tu, um Mundo,*
*Com todas as tuas vastas geografias, multiformes,*
*[diferentes, distantes,*

*Por ti arredondadas em uma — uma orbicular*
                                *[linguagem comum,*
*Um destino indivisível comum a Todos.*\*

A busca por Whitman de um correlativo poético para um projeto político americano idealizado reflete-se em (pelo menos) duas características formais de sua obra: a extensão e o caráter inclusivo dos versos, e a amplitude dos pronomes empregados por ele. Os famosos catálogos de Whitman — as longas listas — modelam o federalismo em sua própria estrutura, juntando numa só unidade sintática dilatada todas as diferenças (de classe social, raça, gênero, geografia etc.) que ameacem a coesão do "povo"; os versos, sempre sem enjambement, tentam sempre "conter tudo". De fato, a extensão nada convencional e a ausência de um padrão métrico tradicional fazem com que os versos de Whitman se aproximem da prosa, como se o autor, ao perseguir seu ideal poético para os Estados Unidos, estivesse se livrando de poemas reais — substituindo-os por algo mais parecido com jornalismo ou oratória. (Talvez possamos pensar nisso como tática de Whitman para virtualizar a poesia, assim como os estranhos textos de Dickinson sempre ameaçam ser outra coisa que não poemas. Além do mais, não há página que consiga conter os

> Linguagem orbicular

---

\* Thou Union holding all, fusing, absorbing, tolerating all,/ Thee, ever thee, I sing.// Thou, also thou, a World,/ With all thy wide geographies, manifold, different, distant,/ Rounded by thee in one—one common orbic language,/ One common indivisible destiny for All.

versos de Whitman, que a todo instante se prolongam pela margem direita e assim devem continuar na linha seguinte, com um recuo para indicar que a quebra é decorrente de objetivas limitações de espaço, não da decisão individual de um poeta. Gosto de pensar que essas "linhas órfãs" denteadas são outra forma de virtualização: a união para a qual os versos longos sinalizam não pode ser tornada real em nenhum livro, pelo menos em nenhum livro de formato padrão.)

Whitman democratiza pronomes a fim de tentar dar espaço para qualquer leitor em seu "eu" e "você", tornando assim a celebração do primeiro também uma celebração do segundo, como ocorre em três dos versos mais famosos da poesia americana, a abertura de "Canção de mim mesmo": "Eu celebro a mim mesmo, e a mim mesmo canto,/ E o que eu assumo você há de assumir,/ Pois cada átomo que pertence a mim também pertence a você". Sob muitos aspectos, "Walt Whitman" é menos uma pessoa histórica do que uma espécie de marcador de posição para a democrática condição de indivíduo. Na edição de 1855 de *Folhas de relva*, "Walt Whitman" sequer aparece no frontispício. É somente em "Canção de mim mesmo" que o leitor encontra o nome do autor: "Walt Whitman, um americano, um dos bravos, um cosmo". O efeito é assinalar que "Walt Whitman" é uma ficção habilitante, criada pelos próprios poemas — uma figura com a qual os leitores podem se identificar, seja em 1855, seja no futuro. E Whitman, de fato, divulga muito poucas informações pessoais, por-

*Alguém que inclui diversidade e é natureza*

menores que poderiam se interpor no caminho de nossa capacidade de permutar átomos. Quase nada ouvimos sobre as circunstâncias da experiência dele; se sua individualidade fosse diferenciada demais, não seríamos intercambiáveis. Em vez disso, o "eu" de Whitman é constituído por uma série de contradições genéricas ("Eu me contradigo?/ Muito bem, eu então me contradigo"). Ele é (ou supõe ser) o poeta do homem e da mulher, o poeta do bem e o poeta da maldade, defendendo tanto a humanidade do senhor quanto a do escravo etc. E as coisas que ele vê e enumera nos poemas são coisas que praticamente qualquer um poderia ver também. Em "Travessia de balsa para o Brooklyn", uma de suas muitas proclamações explícitas para o futuro, ele nota luzes na água, alguns navios, prédios, bandeiras — detalhes bem genéricos e, portanto, ao alcance das percepções de quase todos. "Daqui a cem anos, ou até daqui a muitas centenas de anos, outros haverão de vê-los." O próprio Walt Whitman é um *lugar* para o genuíno, um espaço aberto ou uma área textual comum em que os leitores americanos do futuro poderiam vir a renovar e ampliar o sentido de possibilidade e interligações. Sem dúvida, parte da razão para Whitman se dirigir com persistência ao futuro é que sua real figura histórica — o Walt Whitman do frontispício — já estaria então bem morta, libertando-o para funcionar como uma espécie de figura messiânica no interior dos poemas.

*Um homem sem qualidades*

Mas o programa whitmaniano nunca foi realizado na história, nem eu creio que possa ser: Whitman passa a representar as contradições da condição democrática de indivíduo que não tem como se tornar real sem que se torne exclusiva. Para citar o brilhante ensaio de Grossman sobre Whitman — e enquanto escrevo este ensaio passo a entender com clareza cada vez maior como o pensamento de Grossman é fundamental para mim —, Whitman proclama "a presença do indivíduo antecedendo a todas as demais características". Você não precisa que eu lhe diga que a união sonhada por Whitman jamais chegou a existir, mas acredito que a visão dele determina, não obstante, a nostalgia Inaugural de Packer por uma poesia que supostamente pudesse reconciliar o individual e o social, transformando assim milhões de indivíduos em um autêntico Povo. Whitman transferiu para o futuro a realização poética ("Nalgum lugar eu paro, esperando por você"), mas muitos dos que têm ódio pela poesia agem como se o projeto tivesse sido realizado em algum momento indeterminável do passado e depois, então, se desfeito, à medida que a arte e/ou seu público declinaram. Isso permite que eles repudiem poemas no presente e, ao mesmo tempo, reafirmem uma crença whitmaniana no poder da poesia (se bem que desse modo também traiam a crença whitmaniana no aperfeiçoamento futuro sobreposta a qualquer nostalgia pelo passado).

Uma coisa que sempre achei fascinante a respeito de Whitman é sua alegação de que, por um lado, ele está fazendo o trabalho mais importante que se pode fazer, qual seja, criar uma tecnologia

E pluribus unum

para a formação e a constante renovação do povo mais grandioso do planeta, e, por outro, que ele não faz trabalho nenhum: ele, que sempre está "vadiando", põe-se à vontade. Whitman tem enorme admiração pelos trabalhadores americanos de todas as categorias (veja-se, por exemplo, "Ouço o canto da América"), mas não quer ser um deles; dá a impressão de pensar que o lazer é uma condição indispensável à receptividade poética. "Eu vadio e convido minha alma,/ Curvo-me e vadio à vontade observando um talo de capim no verão". Penso que em parte isso tem a ver com a questão de se esvaziar: se Whitman fosse um sapateiro ou um chapeleiro, cantaria só e respectivamente a canção dessas duas categorias ("O sapateiro cantando sentado no seu banco, o chapeleiro cantando em pé"), em vez de ser capaz de cantar sobre o trabalho em abstrato ("Cada um cantando o que a ele ou ela pertence e a ninguém mais"). Whitman pode cantar as diferenças, mas ele mesmo não pode se diferenciar sem com isso comprometer o seu labor — e é em parte por isso que esse labor é uma espécie de lazer, uma profissão que transcende as profissões; Whitman não pode escolher lados. Sob esse aspecto, o trabalho como enfermeiro na Guerra Civil parece significativo: ele pode cuidar dos enfermos, reconhecer a humanidade dos soldados (do Norte, mas também do Sul) e amar essas pessoas históricas à medida que elas são sacrificadas pela futura união. Lutar, porém, ele não pode.

 Saber se poesia é trabalho ou lazer (ou de algum modo ambas as coisas ou nenhuma das duas)

*À vontade*

*Arranje um emprego de verdade*

é questão que está por toda parte nas denúncias e defesas dessa arte. Sidney sugeriu que o poeta fazia um tipo de trabalho mais elevado do que os outros, porque produzia imagens ideais dos soberanos — a tarefa do poeta não é servir na corte, mas sim indicar aquilo a que uma corte possa aspirar. Para românticos como Shelley, a poesia restringe a avareza "calculista" de uma sociedade materialista, propondo uma alternativa a um utilitarismo crasso que é cego para tudo o que não pode ser instrumentalizado; o uso da poesia acha-se entrelaçado portanto com a sua inutilidade. (Shelley estava respondendo ao argumento de Thomas Love Peacock, em *The Four Ages of Poetry* [As quatro idades da poesia], de que a ciência tinha legitimamente suplantado a poesia à medida que a civilização progrediu.) É em virtude exatamente da natureza contraditória da vocação poética — que a um só tempo é mais e menos do que o trabalho, cuja utilidade depende da falta de um emprego prático — que ficamos embaraçados com o labor do poeta, desdenhando dele. Supõe-se que "poesia" signifique uma alternativa a um tipo de valor que circula na economia, tal como a vivemos no dia a dia, mas os poemas reais não são capazes de efetivar essa alternativa. Dizer, assim, a um poeta para "arranjar um emprego de verdade", uma ordem bem comum por parte dos que odeiam poesia, é de fato um imperativo tradicional e forte: dessa vez faça um trabalho real, e não um trabalho virtual. (Relaciona-se isso ao modo como tanto poetas quanto não poetas tendem a atacar poetas por trabalharem em universidades, por se tornarem professores: por um lado, é algo muito mercenário, é próximo demais de um emprego de verdade — você é pago, tem — se tiver sorte — um escritório; por outro lado, repete-se aí o escândalo do lazer — as universidades não são o "mundo real", você não trabalha durante horas "reais", é impossível avaliar se está transmitindo técnicas, e assim por diante. Um poeta numa universidade ressente-se por simultaneamente ser real demais e virtual em excesso em seu trabalho.)

"Poesia" é uma palavra para um tipo de valor que nenhum poema específico pode efetivar: o valor das pessoas, o valor de uma atividade humana que não se atém à divisão labor/lazer, um valor que está aquém ou além de preço. Por isso, odiar poemas pode ou bem ser um modo de expressar negativamente a poesia como ideal — um modo de expressar nosso desejo de exercer tais capacidades imaginativas para reconstituir o mundo social — ou uma fúria defensiva contra a simples sugestão de que outro mundo, outra escala de valor, é possível. Nesse último caso, o ódio pela poesia é uma espécie de formação reativa: você vocifera contra o símbolo daquilo que está reprimindo, isto é, a criatividade, a comunidade, o desejo por uma escala de valor que não seja "calculista". "Poesia" se converte em palavra para algo de exterior, que os poemas não podem trazer à baila, podendo, porém, nos fazer senti-lo, ainda que como ausência, ainda que por meio de embaraços. As periódicas denúncias à poesia contemporânea devem, portanto, ser entendidas como parte da lógica amarga da poesia, não como repúdio. Por isso é que tantos críticos culturais, com uma espécie de regozijo macabro, de anos em anos proclamam "a morte da poesia": nossas faculdades imaginativas, tememos, se atrofiaram; a comercialização da língua parece estar completa. O número real de poemas que são escritos e lidos afigura-se irrelevante para certificar-se da morte da poesia — há uma década, James Longenbach informou que já havia mais de 300 mil websites dedicados a ela —, porque o que a assertiva reflete é menos uma declaração empírica sobre poemas do que uma ansiedade cultural sobre nossa capacidade para "um fazer alternativo".

Muitos dos ensaios que de tempos em tempos discutem a situação da poesia americana têm, apesar das confessas aspirações democráticas, uma política implícita que me deixa inquieto. Considere-se uma das mais recentes e chamativas lamúrias, "Poetry Slam: Or, The Decline of American Verse" [Slam: ou o declínio do verso norte-americano], de Mark Edmundson, que saiu no número de julho de 2013 da *Harper's Magazine*. O ensaio de Edmundson afirma que os poetas contemporâneos, embora talentosos, deixaram de ser politicamente ambiciosos. O problema primário é que, apesar de muitos poemas serem "bons à sua maneira", eles "simplesmente não são de todo bons"; isso porque "eles não matam a sede de um leitor por significados que ultrapassem a experiência individual do poeta e iluminem o mundo que temos em comum". Mais uma vez o problema dos poetas é o fracasso em serem universais, falarem para e também por todos à maneira de Whitman, a quem Edmundson, claro está, evoca. (Por que Whitman deve ser considerado um sucesso, e não um fracasso, é uma questão nunca tratada; novamente, é como se o sonho de Whitman tivesse sido realizado em algum vago passado que os saudosistas nunca conseguem determinar com exatidão.)

*Iluminem o mundo*

Edmundson faz algumas reclamações tolas, como a de que os escritores contemporâneos não têm correspondido à influência nem à linguagem da cultura popular (será que ele não leu nada de John Ashbery, a quem critica?), ou que os poetas que ele seleciona — poetas festejados, mainstream, como Jorie Graham e Frank Bidart — jamais tentaram abordar questões de significação nacional. Tais reclamações são simplesmente falsas, seja o que for que você pense sobre esses poetas. Deixando isso de lado, o problema dos poetas contemporâneos, pelo que propõe Edmundson, é que eles estão preocupados com a voz individual:

> Os poetas americanos contemporâneos parecem agora pôr toda a sua energia numa única tarefa: a criação de uma voz. Todos se esforçam para soar como nenhum outro. E isso quer dizer muitas vezes que os poetas terminam por impelir o que há de mais singular e idiossincrático neles próprios e na língua, ignorando o que têm em comum com os outros.

Seamus Heaney é criticado por soar como Seamus Heaney, e não como os demais; "John Ashbery soa enfaticamente como John Ashbery" etc. Essas tautologias fazem eco às preocupações de Packer (e de muitos outros): os indivíduos são muito individuais para falar por todos. E de quem é a culpa? Da universidade, porque a universidade nos ensinou a ser "constrangidos", para relembrar o termo de Packer a respeito das generalizações:

> Como ousa uma poeta branca dizer "nós" e presumir assim que ela está falando por seus contemporâneos negros e pardos? Como ousa um poeta branco falar por alguém que não seja ele? E mesmo então, dados os crimes e atrocidades que sua casta praticou, como ele pode erguer a voz sobre um murmúrio de autossubversão?

*Nostalgia de homem branco*

Pois bem, como ele ou ela ousa? Edmundson levanta essas questões como se fosse uma covardia óbvia do politicamente correto não exigir o direito de falar por todos. Mas logo se nota que o ensaio sugere veementemente que falar por todos é de um domínio exclusivo de homens brancos. Ele elogia Sylvia Plath, por exemplo, mas observa que a obra dela — selecionada como uma amostra da escrita ambiciosa que atualmente nos faz falta — acaba por falar somente pelas mulheres:

> Sylvia Plath pode ou não sair das raias do bom gosto e transgredir os limites da metáfora quando compara seu gentil pai professor a um brutamontes nazista. ("Toda mulher adora um nazista".) Porém, ela desafia as mulheres a reimaginarem as relações entre pais e filhas.

Edmundson, ao que parece, não é capaz de imaginar um pai lendo o poema e sentindo-se desafiado. Contudo, quando Robert Lowell escreve, ele está "tratando as coisas como acreditava que elas fossem, não apenas para si, mas para todos os leitores". De algum modo, segundo Edmundson, "Waking Early Sunday Morning" [Acordando cedo na manhã de domingo] — um dos mais famosos poemas de Lowell contra a guerra — fala por todo mundo: "Lowell fala diretamente de *nossas* crianças, de *nosso* monótono sublime: poucos são os poetas consequentes de agora que se mostram dispostos a se arriscar a esse 'nosso'". Plath ajuda filhas a reimaginarem as relações com os pais; Lowell é o pai de todos. As alusões culturais específicas de Lowell — o título ecoa Wallace Stevens, a estrutura prosódica relembra Marvell — aparentemente o fazem universal (Whitman, aliás, teria rejeitado essas técnicas como exclusivas demais, e defendido o experimento americano).

*Esse "nosso"*

O momento mais esquisito do ensaio deve ser quando Edmundson, provavelmente ansioso para dar um exemplo de uma pessoa não branca capaz de falar pelo coletivo, discute o que para ele é "o poema político consequente e enérgico" de Amiri Baraka, "Alguém explodiu a América". Tal poema recebeu ampla atenção porque Baraka — que era então o poeta laureado de Nova Jersey — nele incluiu a seguinte quadra:

*Nós explodimos a América*

*Quem sabia que o World Trade Center ia ser*
           *[bombardeado*

*Quem disse a 4 000 trabalhadores israelitas das*
*[Torres Gêmeas*
*Para ficar em casa nesse dia*
*Por que Sharon não apareceu?\**

O poema foi "consequente" pelo fato de ter levado Nova Jersey a extinguir a posição de poeta laureado — Baraka se negou a renunciar e constatou-se que não havia um mecanismo constitucional que o permitisse afastá-lo —, e acabou conquistando um lugar nos arquivos da Liga Antidifamação. Posso imaginar argumentos muito fortes para louvar ou desculpar ou espinafrar o poema de Baraka, mas causa-me espanto a alegação de Edmundson de que esse poema é pelo menos "uma tentativa de dizer que ele não é somente para Baraka, mas é para todos". É verdade que o poema de Baraka não está preocupado com os detalhes de sua experiência individual, mas de modo algum é verdade que o poema não esteja inequivocamente na voz do próprio Baraka; sem levar isso em conta, de que modo falam por "todos" versos como os seguintes?

*Eles dizem que foi algum terrorista,*
*algum bárbaro*
*Um batalhão de ação rápida,*
*no Afeganistão*

---

\* Who knew the World Trade Center was gonna get bombed/ Who told 4000 Israeli workers at the Twin Towers/ To stay home that day/ Why did Sharon stay away?

*Não foram nossos terroristas americanos*
*Não foi a Ku Klux Klan não foram os Skinheads*
*Nem os caras que explodem negros*
*Igrejas, ou nos reencarnam no Corredor da Morte*
*Não foi Trent Lott*
*Nem David Duke nem Giuliani*
*Nem Schundler, Helms se aposentando\**

A maior parte do poema é dedicada a catalogar a violência cometida contra pessoas negras por americanos brancos. Como Edmundson evoca as intenções de Baraka, podemos citar a explicação do poeta sobre o próprio poema:

O tema básico do poema está centrado em como os negros americanos têm sofrido com o terrorismo interno desde que foram sequestrados para virarem bens de capital na escravidão americana, terrorismo provindo, por exemplo, de donos de escravizados, leis federais & estaduais, Ku Klux Klan, skinheads, nazistas do país, linchadores, negação de direitos, opressão nacional, racismo, assassínio da personalidade, ao longo da história e, neste exato momento, em todos os Estados Unidos. A relevância disso frente à convocação de Bush para uma "Guerra ao Terror" é que as pessoas negras sentem que sempre nós temos sido vítimas do terror, governamental e generalizado,

---

\* They say it's some terrorist,/ some barbaric/ A Rab,/ in Afghanistan/ It wasn't our American terrorists/ It wasn't the Klan or the Skin heads/ Or the them that blows up nigger/ Churches, or reincarnates us on Death Row/ It wasn't Trent Lott/ Or David Duke or Giuliani/ Or Schundler, Helms retiring

e assim não podemos ficar tão exaltados e histéricos como as pessoas que nos pedem que descartemos nossa história e realidade contemporânea para nos juntarmos a elas, em nome de um "patriotismo" oco, para atacar a maioria das pessoas do mundo, especialmente as negras e do Terceiro Mundo.

*Neste exato momento (Eric Garner, Mike Brown, Eric Harris, Freddie Gray, Tamir Rice, Akai Gurley, Laquan McDonald...)*

O "nós", aqui, intencionalmente não é um "todos"; de fato, o ponto principal de Baraka é recusar explicitamente o falso "nós" que os políticos estão tentando desenvolver — um "nós" que, por tática, se esquece da violência contra os negros, enquanto procura constituir uma frente unificada na "guerra ao terror", que, por sua vez, envolve a matança de mais negros. Sugerir que o "nós" de Baraka é uma tentativa de falar por "todos" é, portanto, repetir o esquecimento da "nossa [dos negros] história e [da] realidade contemporânea".

Só posso perdoar Edmundson por seus maus exemplos porque não há *bons* exemplos de "excelentes poemas líricos" que ao mesmo tempo tenham algo a dizer de profundamente específico à "experiência" de um poeta, e que possam também falar por todos. (Edmundson poderia dizer que o que ele espera é que um poeta tente essa impossível proeza e fracasse, mas suas leituras nos levam a suspeitar que ele crê que os homens brancos irão fracassar melhor.) O lírico — ou seja, o poema pessoal e intensamente subjetivo — que possa de modo autêntico abranger todas as pessoas é uma impossibilidade num mundo caracterizado pela violência e pela diferença. Isso não é denunciar o desejo por um poema assim (com efeito, a palavra que em geral nós usamos para tal desejo é "Poesia"), mas sim denunciar a celebração de qualquer poema específico por ter atingido esse alvo inalcançável, porque necessariamente isso acarreta fazer com que a particularidade passe por universalidade. Falta a Edmundson um perfeito desprezo pelos exemplos reais que ele examina; ele confunde o Poema que você canta no sonho com o poema que você canta diante da fogueira.

A capacidade de transcender a história tem sido historicamente atribuída a homens brancos de certa classe e negada ao mesmo tempo a indivíduos marcados por diferenças (seja de raça ou de gênero). O reconhecimento (jocoso?) por Edmundson dos "crimes e atrocidades" que homens brancos cometeram, no esforço de falar como se fossem todo mundo, mal pode ser levado em conta como um compromisso com essa desigualdade — e menos ainda como uma refutação dela. Como Claudia Rankine e Beth Loffreda dizem num ensaio recente:

*Fracassar melhor*

> O que queremos evitar a todo custo é [...] uma oposição entre a escrita que diz respeito à raça [...] e a escrita que é "universal". Se continuarmos a pensar no "universal" como o melhor dentre tantos, como o pináculo, sempre iremos desprezar a escrita que não parece ser universal por dizer respeito à raça ou a alguma outra categoria degradada. O universal é uma fantasia. Mas nós ainda estamos presos a uma sensibilidade que defende o universal, enquanto simultaneamente ainda

o define como branco. Estamos presos ainda a um estilo de defesa da literatura que diz que uma obra de escritores negros é bem-sucedida quando uma pessoa branca pode, não obstante, relacionar-se com ela — quando ela "transcende" sua categoria.*

O que torna Whitman tão poderoso e poderosamente constrangedor é que ele é explícito sobre as contradições inerentes ao esforço de "habitar todos". E é isso também que torna tão tolo dar a entender que o ideal poético de Whitman chegou a ser realizado no passado e que a partir de então decaímos — por causa da política identitária — numa fratura evitável. "Eu sou o poeta dos escravos e dos senhores de escravos", Whitman escreveu em seu diário, indicando o impossível desejo de tanto reconhecer quanto anular a diferença dentro de seus poemas, de ele não ser ninguém em particular para poder representar a todos. Você pode odiar a poesia contemporânea — de qualquer época — tanto quanto quiser, por fracassar em entender a fantasia de universalidade, mas quem a odeia deveria parar de fingir que algum poema já foi capaz de falar por todo mundo.

A própria escrita de Claudia Rankine reflete muitas das exigências políticas contraditórias

*E dos senhores*

---

* Claudia Rankine e Beth Loffreda, "On Whiteness and The Racial Imaginary: Where Writers Go Wrong in Imagining the Lives of Others" [Sobre a branquitude e o imaginário racial: onde os escritores erram ao imaginar a vida dos outros]. *Literary Hub*, 9 abr. 2015. Disponível em: <www.lithub.com/on-whiteness-and-the-racial-imaginary/>. Acesso em: 2 dez. 2024. (N.E.)

feitas à poesia, fornecendo ao mesmo tempo um exemplo contemporâneo de como uma poeta pode estrategicamente explorar os limites do real. Os últimos dois livros de Rankine — *Não me deixe só: uma lírica americana* e *Cidadã: uma lírica americana* — proclamam, nos subtítulos idênticos, uma tensão entre um projeto nacional e um projeto pessoal. Mais especificamente, Rankine se confronta — como uma mulher afro-americana — com a impossibilidade (e a impossível complexidade) de ela se reconciliar com uma sociedade racista na qual ser negro ou é ser invisível (excluído do universal) ou visível demais (como vítima de patrulhamento e agressões racistas). O convite para ler esses dois volumes como poesia lírica vai de encontro a uma das características formais mais evidentes: os livros estão escritos principalmente em prosa. E essa prosa é "medida" menos no sentido de ter uma prosódia poética do que no sentido de um refreamento que beira a monotonia, a exaustão, a dissociação. Vou citar um trecho longo de *Não me deixe só* para dar uma impressão do tom:

> Ou a gente começa a se fazer de outro modo essa mesma pergunta. Eu estou morta? Embora em nenhum momento essa pergunta se traduza, de modo explícito, por Eu deveria estar morta, finalmente a linha de emergência para suicidas é acionada. Como sempre você está vendo, na televisão, o filme das oito horas, quando um número de telefone espoca na tela: 1-800-SUICÍDIO. Você disca o número. Está com vontade de se matar?, pergunta o homem do

*Aconselhamento de traumas*

outro lado da linha. Você diz a ele: sinto como se já estivesse morta. Como ele não responde nada, você acrescenta: estou na posição da morte. Finalmente, ele diz: não acredite no que está pensando e sentindo. Depois pergunta: onde você mora?

Quinze minutos mais tarde toca a campainha da porta. Você explica ao atendente da ambulância que teve um lapso momentâneo de felicidade. O substantivo "felicidade" é uma condição estática de algum ideal platônico que você mais conhece do que busca. Feliz ou infelizmente seu processo de transformação sofreu uma pausa momentânea. É o tipo de coisa que acontece, talvez ainda esteja acontecendo. Ele dá de ombros e, por sua vez, explica que você tem de ir por bem, senão ele terá de levá-la à força. Se ele for obrigado a levá-la à força, terá de comunicar que foi obrigado a levá-la à força. É simples assim: qualquer resistência só tornará as coisas mais difíceis. Qualquer resistência só tornará tudo pior. Eu terei de levá-la à força, por lei. O tom dele sugere que você deveria tentar entender a dificuldade na qual ele se encontra. Isso desorienta ainda mais. Eu estou bem. Não está vendo? Você entra sozinha na ambulância.

O "poema lírico" é, em geral, associado à brevidade, à emoção intensamente sentida e a versos muito melodiosos; de propósito, a escrita de Rankine aqui não é nada disso; adjetivá-la como lírica deixaria Keats perplexo. A obra de Rankine é extremamente pessoal, mas, antes de tudo, por ela explorar com franqueza a experiência de despersonalização — torpor, dessensibilização, saturação das mídias (e o que passa por uma resposta social a tais coisas: uma linha telefônica de emergência, a condução coercitiva etc.). O que encontro em Rankine é a patente indisponibilidade de categorias líricas tradicionais; a instrução para ler sua escrita como poesia — e especialmente como poesia lírica — catalisa uma experiência de perda de tais categorias, como continuar a sentir um membro fantasma. (O efeito estaria abafado, se não de todo ausente, caso a obra se apresentasse como ensaio, e não como poema.) "Os sentimentos perdem sentido se eles falarem de uma falta de emoção?", Rankine pergunta a certa altura de *Cidadã*. Penso que a obra dela responde a essa pergunta, pela via negativa, ao nos fazer conscientes de um desejo por sentimentos além do estereótipo e do espetáculo. "Poesia" torna-se uma palavra para aquela possibilidade cuja ausência notamos nesses poemas — a não ser, talvez, nos momentos em que Rankine cita outros poemas no corpo do texto, algo que faz frequentemente em *Não me deixe só*. Nesse livro, os poemas têm um lampejo do virtual em razão da aparição deles dentro da estrutura da prosa de Rankine: li o citado poema não apenas pelo que em si ele é, mas também como uma pedra de toque ou um talismã para Rankine em seu esforço de criar, ainda que em pequena escala, um "nós" que através da citação poética possa animá-la a sair da "posição da morte".

*"Eu já estou morta"*

Permitam-me citar uma página de *Cidadã* para continuar mostrando como a obra de Rankine virtualiza o poema de forma poderosa:

A nova terapeuta é especializada em tratamento de trauma. Vocês só conversaram pelo telefone. A casa dela tem um portão lateral que leva a uma entrada nos fundos que era usada pelos pacientes. Você passa por um caminho cercado por arbustos e pés de alecrim dos dois lados até o portão, que por acaso está trancado.

Na entrada a campainha é um pequeno disco arredondado que você aperta com firmeza. Quando a porta enfim se abre, a mulher parada nela grita, a plenos pulmões, Vai embora da minha casa! O que você está fazendo no meu quintal?

É como se um dobermann ou pastor alemão feridos recebessem o poder de falar. E apesar de você recuar alguns passos, consegue dizer a ela que você tem um horário marcado. Você tem um horário? Ela rosna. Então ela para. Tudo para. Oh, ela diz, e continua, oh sim, tá certo. Eu sinto muito.

Eu sinto muito, muitíssimo mesmo.[*]

O jogo dos pronomes em *Cidadã*, sendo desconcertante, é uma refutação convincente das nostálgicas fantasias de universalidade discutidas linhas atrás. É presumível que o "você" seja Rankine, mas é óbvio que, enquanto leio, sou eu o destinatário do discurso. Isso, de início, é desagradável simplesmente por causa do que está acontecendo àquele "você" — a resposta feroz da terapeuta à "minha" presença. Mas eu também não demoro a rejeitar, ainda que depois de uma pausa, minha

---

[*] Claudia Rankine, *Cidadã: uma lírica americana*. Trad. de Stephanie Borges. São Paulo: Jabuticaba, 2020, p. 26.

identificação com o "você", por estar ciente de que eu, um homem branco, não posso na verdade relacionar-me com a experiência em questão; não posso ser a vítima de tal racismo, e sob esse aspecto estou muito mais próximo do "eu". Meu constrangimento em desidentificar-me por um momento da vítima sequer chega a ser proporcional, é claro, à desidentificação de que Rankine é o verdadeiro alvo ("você", por ser negra, é uma transgressora). Já o meu privilégio me exclui — isto é, me protege — desse "você", de um modo que dirige minha atenção para a exclusão muito mais grave (e mundana) de uma pessoa negra que o "você" da cena narrada (como poderia *você* ter uma hora marcada?). A preocupação de *Cidadã* com o fato de a raça determinar quando e como temos acesso aos pronomes é, entre muitas outras coisas, uma resposta direta à noção whitmaniana (e nostálgica) de um "eu" e de um "você" totalmente intercambiáveis que poderiam anular todas as diferenças. Você, quando estiver lendo *Cidadã*, seja lá quem for, será forçado a situar-se em relação aos pronomes, em vez de assumir que se encaixa neles. Aqui tanto há crítica quanto desejo — um confronto com a falsa universalidade e um teste das possibilidades de uma segunda pessoa que não me deixará, seja lá quem eu for, estar sozinho: "Chamar você para fora, chamar lá fora por você".

Nos excertos de *Cidadã* publicados em revistas e nas provas para divulgação enviadas a resenhistas, os poemas de Rankine eram frequentemente precedidos, seguidos ou interrompidos por barras.

*O portão fechado*

*Virgula Divina*

A "/" — o traço oblíquo para o qual o termo técnico [em inglês] é *virgule* — é o modo convencional de indicar quebra de linha quando um verso é citado em prosa. Acho digno de nota que a barra surja muitas vezes após ou entre passagens em prosa de *Cidadã*, em que poderia ser lida como uma representação tipográfica da sentida indisponibilidade de versos — ou, para dizer de outra maneira, da presença espectral de versos. Chamei o travessão de Dickinson de vetor do subentendido, um modo de apontar o que a língua é incapaz de conter e ser, nesse sentido, uma assinatura do virtual; nas primeiras versões de *Cidadã* que tive em mãos, as barras emboscavam-se em volta dos textos como um sinal de possibilidade banida. (Há outras técnicas de virtualização em *Cidadã*; parte do livro, por exemplo, consiste em roteiros feitos para vídeos de John Lucas; ao encontrar um roteiro, mas não a imagem em movimento, lemos os textos como notas para uma performance que o livro não apresenta nem pode, na realidade, apresentar.) A barra é a marca irredutível da virtualidade poética — a quebra de linha abstraída do espaço e do tempo de um poema real. Rankine suprimiu as barras na versão final de *Cidadã*, como para indicar uma mudança do espaço mais virtual do excerto ou da prova para a forma "definitiva" do livro. Como penso que a obra de Rankine depende de fazer que o poema lírico seja sentido como uma perda, pessoalmente preferiria que ela tivesse mantido as barras.

Rankine não é a única poeta a usar "/". De fato, a barra tem uma presença modesta, se bem que importante, penso eu, na poesia americana produzida, mais ou menos, dos últimos cinquenta anos ou mais. O primeiro poema na antologia *The New American Poetry, 1945-1960* [A nova poesia americana, 1945--1960], de Donald Allen, livro de inestimável influência para várias gerações de poetas, é "The Kingfishers" [Os martins-pescadores], de Charles Olson, poema que, para muitos, e de muitas maneiras, marca o limiar da poesia americana do pós-guerra. É um poema no qual o título e a figura central evocam e invertem um motivo relevante, o Rei Pescador [*the Fisher King*], em *A terra desolada*, de T.S. Eliot, e no qual o enjambement, a colagem e a tentativa de resumir uma tradição viva, a partir de materiais diversos, obviamente devem algo aos *Cantos*, de Ezra Pound. Entretanto, em sua recusa da nostalgia modernista por alguma perdida unidade de experiência, como em sua rejeição de ideologias totalizadoras, esse poema se empenha em salvar o experimento poético das catástrofes da modernidade. Sua famosa primeira linha é esta:

*O que não muda/ é a vontade de mudar*\*

Não estou certo se isso é uma linha de poesia, se são duas ou nenhuma — ou seja, isso é uma linha com um verso real, ou serão duas linhas de um verso apresentado como citação? A barra já existe em Pound; Olson a está copiando dos *Cantos pisanos* (*That maggots shd/ eat the dead Bullock* [Que os ver-

---

\* What does not change/ is the will to change

mes deveriam/ comer o Boi morto], enquanto Pound a copiou, segundo Guy Davenport, de cartas de John Adams, nas quais tais abreviações eram comuns. A própria barra está sendo citada, outro nível de virtualidade. O importante para mim é que aqui, no que para muitos constitui o começo da poesia americana do pós-guerra, de modo algum temos exatamente um poema: temos uma coisa que pode ser lida e não pode ser lida senão em certo nível — especialmente por provir de um poeta que antes já era um crítico — como uma citação ou exemplo de verso. Apesar da ênfase de Olson, em seus ensaios, nas realizações técnicas da "poesia de campo aberto", penso que a famosa primeira linha é uma maneira de anunciar que o poema é um espaço virtual, não ainda ou não apenas um poema real. ("Eu tendia a achar linhas de poesia bonitas somente quando as encontrava citadas em prosa [...] de modo que o que era comunicado era menos um poema específico [...]")

*Virgule*: do latim *virgula* — varinha, derivado de *virga*: ramo, vara. Ouvimos nela a *Virgula Divina* — a vara mágica ou hidroscópica para localizar água ou outras substâncias subterrâneas preciosas; uma vara que faz a mediação, ou pretende mediar o terreno e o divino. Ouvimos nela o nome (embora a etimologia seja discutida) do poeta antigo conhecido por nós como Virgílio, o guia de Dante através do Inferno. E ouvimos o fenômeno meteorológico chamado [em inglês] de *virga*, meu tipo favorito de clima: filetes de água ou partículas de gelo a se arrastarem de uma nuvem que evapora antes de eles chegarem ao chão. É uma chuva que cai, mas nunca fecha totalmente a brecha entre o céu e a terra, entre o sonho e o fogo; é uma marca para o verso que ainda não é, ou não mais, ou não apenas, real; e esses são fenômenos cujo fracasso em se tornar ou se manter de todo reais permite-lhes representar alguma coisa além do fenomênico.

*Como chuva que nunca chega no chão*

Grandes poetas se confrontam com os limites dos poemas reais, taticamente vencem ou ao menos suspendem essa realidade, parando às vezes de escrever e se tornando célebres por seu silêncio; poetas verdadeiramente horríveis proporcionam, sem o saber, um lampejo da possibilidade virtual pelo cúmulo do próprio fracasso; poetas vanguardistas odeiam poemas por permanecerem poemas em vez de se transformarem em bombas; e os saudosistas odeiam poemas por falharem em fazer aquilo que errônea e vagamente eles alegam que outrora a poesia fez. Há variedades de demandas que se interpenetram e estão subordinadas à palavra "poesia" — para vencer o tempo, para acalmá-lo com beleza; para expressar uma individualidade irredutível de um modo que possa ser socialmente reconhecido ou, à la Whitman, para alcançar universalidade sendo irredutivelmente social, menos uma pessoa do que uma tecnologia da nação para derrotar a língua e os valores da sociedade existente; para propor uma escala de valores que esteja além do dinheiro. Mas uma coisa que todas essas demandas partilham é que nunca se pode satisfazê-las com poemas. Odiar poemas

> A demanda
> persistente

reais é, portanto, não raro um modo irônico, e às vezes inconsciente, de expressar a persistência do ideal utópico da Poesia, e as lamúrias a respeito disso são também defesas.

Espero não ser preciso dizer que minha síntese aqui não pretende ser de todo abrangente — poemas podem satisfazer a um número qualquer de ambições diferentes daquelas que estou descrevendo. Eles podem ser *realmente* engraçados, ou adoráveis, e também propiciar alívio, coragem ou inspiração a certos públicos em certas épocas; podem desempenhar um papel na formação de uma comunidade; e assim por diante. A fraqueza confessa na história sobre a Poesia que estou contando é que ela não tem muito o que dizer sobre poemas em sua ampla gama de variedades; e é bem melhor quando trata de exemplos grandiosos ou horrorosos da arte. (Não pretendo saber onde começa nem onde acaba essa arte: outro ensaio poderia examinar como o hip-hop, ou o *spoken word*, ou outras práticas linguísticas criativas aceitam ou evitam as

> "/"

contradições que eu descrevo.) A história, entretanto, é esclarecedora porque ajuda a ter em conta o sentimento persistente, ainda que mutável, de que os poemas de nossa era já estão sempre nos desapontando — quer nossa era seja 380 a.C., ou 731, ou 1579, ou 1819, ou 2016. Se os poemas forem impenetráveis, são elitistas, só admitindo na comunidade das pessoas algum eleito sagaz, porque, como todos nós sabemos, uma pessoa é alguém capaz de descobrir a consciência coletiva por intermédio da poesia; se os poemas forem clichês, nos constrangem gravemente, mostrando que a interioridade só é comunicável por uma língua que tem sido enfraquecida, despersonalizada pela própria popularidade; e se forem armas numa luta revolucionária, parece que só atiram com cartuchos vazios. Poetas são mentirosos não porque, como Sócrates diz, podem nos enganar com o poder de suas imitações, mas sim porque quem se identifica como poeta dá a entender que poderia sobrepor-se à lógica amarga do princípio poético, o que, no entanto, não consegue. Consegue apenas compor poemas que, quando lidos com um perfeito desprezo, abrem um lugar para o Poema genuíno que jamais aparece.

✳

Allen Grossman morreu hoje, 27 de junho de 2014.

*Após um longo tempo, a voz do homem*
*Para. Ela era boa para falar sem parar.*
*Ele se levanta. E a floresta ou o mar se tornam*
*Um caminho plano que alcança a noite e o trovão.*

*Mas de fato não há noite nenhuma. Não há*
*Nenhum trovão.* \*

De The Lecture
[A palestra]

---

\* After a long time, the voice of the man/ Stops. It was good to talk on and on./ He rises. And the sea or forest becomes/ A level way reaching to night and the thunder.// But, in fact, there is no night. There is/ No thunder.

✷

Lembro de falar uma palavra cujo sentido eu não sabia, mas do qual tinha uma vaga ideia, alguma intuição, e, depois, inseri tal palavra numa frase, testando se ela parecia se encaixar ou se atritar contra o contexto e a sintaxe, rolando a palavra, por assim dizer, para lá e para cá na minha língua. Lembro da minha impressão de possuir somente parte do sentido da palavra, como um daqueles colares de amizade fragmentados, e de ter de encontrar a outra metade no mundo social da fala. Lembro de ir andando à toa, como criança, a repetir uma palavra que tinha ouvido por alto, usando-a ao acaso e notando que, de modo milagroso, era raro eu estar de todo errado. Se você tem cinco anos e aponta para um sicômoro ou uma retroescavadeira inativa ou um vizinho curvado sobre o jardim, ou para imagens de tais coisas numa televisão, e exclama *vanish* [sumir, sumiço; esvaecer], ou então *varnish* [verniz, envernizar; polir, esmaltar; brilho], você nunca cometerá um erro completo; se sua mãe ou responsável for curiosa, ela é capaz de descobrir um sentido que o torna quase assustadoramente premonitório — o vizinho está morrendo, perdendo peso; a retroescavadeira ou foi usada para dar sumiço numa estrutura ou então está brilhando com a água da chuva; ou o reflexo dos óculos atribui um polimento estranho ao que aparece na tela. Inferir o entendimento de uma palavra ao observar como outros se ajustam ao seu uso: você se lembra da impressão de que o sentido era provisório e de

Vanish *ou* varnish

que duas pessoas podiam construir em torno de uma expressão oral um mundo onde qualquer uso tivesse significação? Pois eu penso que isso é poesia. E quando eu sentia ter dominado finalmente uma palavra, quando podia enfiá-la numa frase tendo um clique satisfatório, isso não era mais poesia — era outra coisa, era algo funcional dentro de um mundo, não a liquefação de seus limites.

Lembra com que facilidade nossas brincadeiras podiam destruir ou reformar ou descrever de outro jeito a realidade? O procedimento mágico era sempre, primeiro e antes de tudo, a repetição: qualquer criança conhece o fenômeno que os psicólogos chamam de "saturação semântica", no qual uma palavra é repetida tanto até se esvaziar de sentido e se tornar simples som — "repetir monotonamente uma palavra comum, até que o som, à força da repetição frequente, deixasse de transmitir à mente qualquer ideia que fosse", tal como Poe o descreve no conto "Berenice". Seus pais impõem uma hora de dormir e, confinado à cama, você fica berrando sem parar que é "hora de dormir", até que todo e qualquer significado que parecia haver nisso é expelido com toda a ordem simbólica, tornando-se você um animalzinho feroz sob o brilho das estrelas de plástico. A repetição linguística, como você aprende desde tenra idade, tanto pode dar forma como subtraí-la, porque força o confronto com a maleabilidade da língua e do mundo que nós construímos com ela e sobre ela. O mais horroroso era fazer isso, ou isso ter sido feito com o próprio nome, e, pior que tudo, por uma falange de moleques em coro no playground — ser lembrado da facilidade com que o podiam expulsar da comunidade humana, feroz animalzinho inominado de nariz melequento, muito abalado até para abrir o bico. E o que você iria dizer? "Eles estragaram meu nome." A professora apenas lhe ensinaria um fraco esconjuro para você reagir: "Paus e pedras podem quebrar meus ossos, mas palavras...".

*Este é o meu nome; não o estraguem pelo uso*

Chamamos isso de brincadeiras de crianças, não de trabalho de crianças, mas uma criança não é justamente alguém que ainda não faz uma clara distinção entre o que é tido por labor e o que conta como lazer? Todas as crianças, nesse sentido, são poetas. Estou pedindo que você situe sua memória naquela instabilidade linguística dos primórdios, na língua como força criadora e destruidora. A leitura eu já fiz, e o que a leitura sugere é que sempre sentimos esse poder como se ele estivesse se afastando de nós, ou nós então nos afastássemos dele — se não nos distanciássemos dessa capacidade, assim se assinalaria nosso fracasso em sermos assimilados no mundo real dos adultos, ou seja, estaríamos loucos. Nosso ressentimento com esse afastar-se da poesia assume a forma (entre outras formas) de desprezo por poetas adultos e por poemas; poetas que, por sua própria natureza, acusam-nos por essa distância, fazem-na sentida, mas não conseguem lhe dar fim.

Lembro de quando abriu em Topeka o Hypermart, um espaço na forma de um caixotão de quase 22 mil metros quadrados, com alas imensas, cheias de torres de produtos embalados e ilumi-

nados brilhantemente, e lembro em particular da
ala dos cereais, com caixas em "tamanho família"
de Cap'n Crunch se repetindo até onde a vista era
capaz de alcançar. E ao andar de patins — não
estou brincando — por entre essas infinidades
açucaradas, havia jovens funcionários uniformi-
zados, tanto no sentido de usarem os uniformes
da empresa quanto no sentido de uniformemente
seguirem as convenções da "beleza" juvenil — que
não era beleza, mas uma sublimação da permu-
tabilidade perfeita, sendo os próprios patins um
aceno, mesmo que datado, para a lubricidade do
capital. Cada floco ou tiquinho de milho inflado
pertencente a mim pertence de igual modo a você
— Andy Warhol é o Whitman do real: "Uma Coca
é uma Coca e não há soma em dinheiro que pos-
sa lhe comprar uma Coca melhor do que aquela
que o mendigo da esquina está bebendo. Todas
as Cocas são a mesma e todas as Cocas são boas".
A mesma bondade, a boa mesmice: a energia que
fluía por mim também me desfazia no Hypermart
— um mercado que era, para o meu eu de meleca
no nariz, o que o Mont Blanc foi para Shelley —,
e considero essa energia parte integrante da poe-
sia. "Poesia é um tipo de dinheiro", disse Wallace
Stevens; ela faz a mediação, como o dinheiro, en-
tre o individual e o coletivo, dissolve aquele nesse,
ou deixa aquele se reformar a partir desse, apenas
para se dissolver outra vez. Você se lembra da im-
pressão (ou a tem agora) de ser um nó provisório
numa rede ilimitada de bens e fluxos? Porque isso
também é poesia, ainda que numa forma perver-

*Num hipermercado*

*Uma Coca é uma Coca é uma Coca*

tida, na qual as relações entre pessoas devem parecer que são coisas. O afeto da troca abstrata, a sensação de que tudo é fungível — qual a canção disso? A canção real de minha adolescência bem poderia ser o *tecnopop* da década de 1980, mas o impulso que lhe dá origem, mantenho, é a Poesia.

Naquele verão eu participei do acampamento pelo Dia da Volta à Natureza no Gage Park. Como houve uma onda de calor, os aturdidos instrutores dos adolescentes, querendo nos proteger da insolação, levaram a gente para assistir a uma matinê de um dólar no Gage 4 Theater, durante cinco dias seguidos. Lembro de *O planeta dos macacos* — todos os campistas mais novos choraram de terror. Quero apenas notar que, a cada vez que as luzes iam se apagando — foram esses os primeiros filmes que pude ver num cinema sem o apoio emocional da minha família —, eu sentia que outros mundos eram possíveis, percebia que todos os meus sentidos tinham sido recompostos e aguçados, que alguns deles estavam se fundindo aos dos outros garotos sentados a meu lado no escuro com suas Coca-Colas gigantes. Rapidamente essa impressão passava, à medida que o filme progredia e a imagem de um mundo alternativo específico surgia diante de nós na tela; nenhum vestígio disso restava na hora em que voltávamos para a luz do dia, de uma claridade sobrenatural, mas toda vez que as luzes se apagavam e aparecia o primeiro trailer eu me sentia dominado por uma capacidade abstrata que associava à Poesia. Não à obra de arte em si — nem sequer quando ela é ótima —,

*O Teatro da Natureza em Topeka*

mas ao pequeno espaço livre que uma sala de exibição produz. (Há alguns verões, assisti a uma ópera extremamente medíocre num teatro magnífico ao ar livre em Santa Fé e, quando meu tédio já se aprofundava para transformar-se em algo como um transe, aconteceu-me ver, de nossos lugares distantes, um único vaga-lume que piscava lentamente em volta da orquestra, depois pairava sobre o palco e afinal retornava para além do proscênio: sua luz aparecendo aqui no Novo México e depois a três léguas de Sevilha, aqui no tempo do relógio e lá no presente contínuo da arte. Desde então, quando posso, assisto a teatro ao ar livre, menos interessado na peça que apresentam do que em observar, digamos, um helicóptero da polícia sobre o Central Park ir à deriva para o espaço aéreo sobre a Floresta de Arden — enquanto o suspeito, como gosto de imaginar, de volta ao presente histórico, escapa.)

Por um lado, é uma experiência mundana e, por outro, uma experiência da estrutura por trás do mundano, manchas de tela não pintadas que espiam através do real. E — por que não falar a respeito? — foder e ser fodido era e é parte disso, o modo como o sexo e as substâncias podem liquefazer os pormenores da percepção numa experiência com a forma. O modo como uma pessoa gagueja pode ser liquefeito por uma canção.

Não há necessidade de continuar multiplicando exemplos de um impulso que não pode produzir exemplos adequados — de uma capacidade que não pode ser objetivada sem falsificação. Escrevi em sua defesa, e em defesa da nossa denúncia dela,

*Para o genuíno*

porque essa é a dialética de uma vocação não menos essencial, por ser impossível. Tudo o que peço aos odiadores — dos quais eu, também, sou um — é que se esforcem para aperfeiçoar seu desprezo, pensando até em levá-lo a se relacionar a poemas, em que ele será aprofundado, não dispersado, e em que, criando um lugar para a possibilidade e as ausências presentes (como as melodias não ouvidas), ele pode chegar a se parecer com amor.

A marca FSC® é a garantia de que a madeira utilizada na fabricação do papel deste livro provém de florestas gerenciadas de maneira ambientalmente correta, socialmente justa e economicamente viável e de outras fontes de origem controlada.

Copyright © 2016 Ben Lerner
Publicado em acordo com a Farrar, Straus and Giroux, Nova York.
Copyright da tradução © 2025 Editora Fósforo

Todos os direitos reservados. Nenhuma parte desta obra pode ser reproduzida, arquivada ou transmitida de nenhuma forma ou por nenhum meio sem a permissão expressa e por escrito da Editora Fósforo.

Título original: *The Hatred of Poetry*

**DIRETORAS EDITORIAIS** Fernanda Diamant e Rita Mattar
**EDITORA** Juliana de A. Rodrigues
**ASSISTENTE EDITORIAL** Rodrigo Sampaio
**REVISÃO** Geuid Dib Jardim e Renato Ritto
**DIRETORA DE ARTE** Julia Monteiro
**CAPA** Casa Rex
**PROJETO GRÁFICO** Alles Blau
**EDITORAÇÃO ELETRÔNICA** Página Viva

CIP-BRASIL. CATALOGAÇÃO NA PUBLICAÇÃO
SINDICATO NACIONAL DOS EDITORES DE LIVROS, RJ

L624o

Lerner, Ben, 1979-
 O ódio pela poesia / Ben Lerner ; tradução Leonardo Fróes. — 1. ed. — São Paulo : Fósforo, 2025.

 Tradução de: The Hatred of Poetry
 ISBN: 978-65-6000-079-7

 1. Poesia — História e crítica. 2. Ensaios literários. 3. Poética. I. Fróes, Leonardo. II. Título.

24-95354

CDD: 808.1
CDU: 82.09

Gabriela Faray Ferreira Lopes — Bibliotecária — CRB-7/6643

Editora Fósforo
Rua 24 de Maio, 270/276
10º andar, salas 1 e 2 — República
01041-001 — São Paulo, SP, Brasil
Tel: (11) 3224.2055
contato@fosforoeditora.com.br
www.fosforoeditora.com.br

Este livro foi composto em GT Alpina e
GT Flexa e impresso pela Ipsis em papel
Pólen Bold 90 g/m² da Suzano para a
Editora Fósforo em janeiro de 2025.